歴史文化ライブラリー

222

鉄道忌避伝説の謎

汽車が来た町、来なかった町

青木栄一

吉川弘文館

JN073622

目　次

図版出典
図8～12、14・18・21は、『日本図誌大系』（朝倉書店）による

鉄道忌避伝説とは何か――プロローグ

鉄道をめぐる伝説

大概の日本人はこんな話をどこかで聞いたことがあるに違いない。

「明治の人々は鉄道が通ると宿場がさびれるといって鉄道通過に反対したり、駅をわざと町から遠ざけたりした」

「蒸気機関車から出る火の粉で火災が起こる、煤煙《ばいえん》で桑が枯れるなどといって鉄道の建設に反対した」

「鉄道が開通して便利になると村の若者が町にしばしば遊びに行くようになって堕落すると、村の長老たちが鉄道の駅設置に反対した」

「江戸時代に栄えていたわれわれの町に鉄道が通過していないのは、先祖たちが鉄道通過に反対したからである」

このような話は「鉄道忌避伝説」と呼ばれる。「伝説」と呼んだのは信頼できる文書史料がなく、ただ古老の昔話として伝えられているからである。このような話は地域住民の間では、一般に鉄道創業時における地域住民の鉄道に対する無知、誤解によるものであると、信じられているし、とくに宿場町住民の鉄道反対運動などは学校教育の中にまで取り入れられて、教えられ、平均的な日本人の常識とすらなっている。

確かに鉄道が建設されることになれば、宿場など、在来交通の関係者は生業の基盤を失うことになるから、あわてもしただろうし、将来のことを心配もしたであろう。「鉄道など来なければよい」と宿場の関係者は多分愚痴《ぐち》ったであろう。しかし、よく考えてみると、鉄道のルートや駅の位置が少しばかり遠くになろうが、近くになろうが、宿場の運命に大きな違いはないのである。町を挙げて鉄道の建設に反対し、その結果、鉄道のルートを町から遠く離れたものに変更させるような大きなパワーになることがありうるのだろうか。

私はすでに半世紀にわたって、日本各地における鉄道発達の実態について調査・研究をしてきた。そこで明らかにされたことは、各地の地域社会はかなり早い時期から鉄道の有効性を認識し、その導入に積極的に努力してきたという事実であった。そして、巷間《こうかん》伝えられているような、宿場がさびれるとか、沿線の桑が枯れるといった理由の鉄道反対運動はまったくといってよいほど確認できなかった。

そこで半ば常識化している「鉄道忌避伝説」にも疑問を持ち、論理的な再検討が必要ではないかと思うようになった。「鉄道忌避伝説」にはどこかおかしいところがあると感ずると同時に、なぜこのような「伝説」が広く信じられるようになったのか不思議に思った。

本書はこのような私の疑問をさまざまの角度から考えてみたものである。

初期の鉄道網の拡大

日本の鉄道はよく知られているように、一八七二年（明治五）、新橋―横浜間の開通で始まった。その二年後の一八七四年には神戸―大阪間にも鉄道が走るようになり、一八七六年には路線は京都に達した。一八七八年には京都―敦賀《つるが》間を目指して着工され、一八八〇年には線路は逢坂《おうさか》山をトンネルで抜けて琵琶《び わ》湖《こ》岸の大津に通じた。同じ年に北海道では幌内鉄道の名称で手宮《てみや》（小樽）―札幌間が（一八八二年に幌内炭山に達して、石炭輸送が始まる）、三陸海岸の釜石《かまいし》でも内陸の大橋鉄山から海岸の製鉄所まで鉄鉱石輸送の鉄道が開通した。

一八八三年には最初の私鉄である日本鉄道が上野―熊谷《くまがや》間に通じ、翌年には高崎、前橋に達した。

東海道線が全通して東京と京阪神《けいはんしん》地方が結ばれたのが、一八八九年で、日本の鉄道総延長は官鉄と私鉄を併せて一〇〇〇マイル（約一六〇〇キロ）を突破して、鉄道関係者は名古屋で盛大な祝賀会を開いた。そして日本鉄道の上野―青森間全通が一八九一年であった。

このように鉄道網の発達は急速であったが、一方、後世の史書にはこの間の時期での鉄道忌避の話が数多く伝えられている。とくによく知られているのは、宿場町における旅館や伝馬《てんま》関係者の反対である。たとえば、東海道筋の岡崎（愛知県）や甲州街道筋の府中（東京都）、調布（同）などにおいて、最初の鉄道が町の中心から大きく離れて通過しているのは、これらの町の人々が鉄道通過に反対したからである、といわれている。

宿場町は鉄道に反対という「常識」

『新版・郷土史辞典』（大塚史学会編、朝倉書店、一九六九年）の「宿場町」の項目を見ると、その末尾に次のような記述がある。

（前略）明治に入ってしだいにその機能を失い、鉄道の開設にあたっては、旧来の特権に固執して反対運動をくりひろげ、ことさらに路線を遠ざけてまったく昔日《せきじつ》の面影《おもかげ》をとどめないところもある（渡辺一郎、二七〇ページ）。

宿場町が鉄道を忌避したということは、宿場町の本質的な解説としては必ずしも必要なことではない。それにもかかわらず、このような解説をあえて加えたのは、「宿場町」と「鉄道忌避」が相互に切り離せないくらい密着した概念として、歴史研究者の間に定着していたことを示している。

また、近世交通史を専門とする大島延次郎《のぶじろう》氏もその著作『日本交通史概論』（吉川弘文館、一九六四年）で、著名な街道や宿場町が鉄道と結び付いていない例が少なくないことを述べ、その理由を次のように説明している。

それはまず第一には、鉄道を利用することにより、歩行の旅人が減少することが考えられたこと、第二に汽車の運行によって地震えを起し、稲の花が散って実のりを悪くするということ、第三には汽車の煙毒にあうを、恐れたことなどであって、その点から、これらの土地の人々が、鉄道の敷設に反対したのであった。今日から考えると、荒唐《こうとう》無稽《むけい》な作り話のように思われるが、当時としては無理からぬことであった（三四〇～三四一ページ）。

渡辺一郎、大島延次郎、いずれも近世交通史研究の第一人者であるが、宿場町の鉄道忌避は疑う余地のない事実として記述されているのである。

各地の自治体で編纂された市町村史にも、鉄道忌避に触れたものがたくさんあり、私の見聞した範囲でも、北海道と沖縄を除く全国的な分布を示している。とくに幹線鉄道から離れた位置にある地方都市には、必ずといってよいほど、この種の話が住民の間で信じられていて、時期的にも明治期全体に及んでいる。しかし、まことに不思議なことに、鉄道忌避の事実を示す史料を提示した文献はなく、また、基本史料を用いて、鉄道忌避の実態を分析した研究論文も一九八〇年代までは現われなかった。もっとも鉄道忌避に触れた論文がないことはない。しかし、それははるか後世に書かれた公刊物を典拠としたものであって、それを実証できるようなものではなかったのである。

鉄道誘致運動の盛んであった時代

このような中で私が疑問に思ったことは、多くの鉄道忌避事件が伝えられている明治二〇年前後は、各地の鉄道建設計画が全国的に盛り上がっており、第一次鉄道熱といわれるブームの時期と合致していることであった。一方では民間からの出資による鉄道建設計画が多発しており、各地域社会から路線の誘致や駅の設置要求がなされているにもかかわらず、他方では鉄道忌避の話が伝えられている不自然さである。各地の鉄道建設計画や誘致についてはたくさんの基本史料が残されているにもかかわらず、その反対の鉄道忌避については基本史料がほとんど発見されていないのも不思議である。現代に生きる多くの住民、そして地方史家や地理学者も信じているように、明治期の人々が在来の交通機関の地位やあり方にまったく疑問を持たなかったり、鉄道についての知識を持たずに、これを忌避するのが当たり前であるとしたり、あるいは大島延次郎氏のいうように「当時としては無理からぬことであった」という見方は、私の長年にわたる調査体験からいうと、まったくの見当はずれの見方のように思えてならないのである。

明治二〇年前後といえば、京浜間鉄道の開業した一八七二年（明治五）からすでに一五年ほどの年月が経過している。一八七二年には庶民にはほとんど実態のわからなかったであろう鉄道も、一〇年、一五年の歳月が経過すれば、かなりの情報の伝播《でんぱ》、知識の普及が見られたはずである。少なくとも、鉄道網が急速に拡大を始める一八八〇年代以降にまで無知による鉄道忌避があったとする考え方は合理的ではないと思うのである。

鉄道史研究の発達と鉄道忌避伝説

鉄道史学確立への道

鉄道史は学問の対象ではなかった

つい最近まで、鉄道の歴史や地理が、正統的な歴史学や地理学の中でまじめに取り上げられることはなかった。それは閑人《かんじん》の余技あるいは趣味の対象であると考えられていた。確かに鉄道は明治以来の日本の飛躍的な発展を支えた交通機関であり、日本近代史の通史、あるいは概説の中で、鉄道に関する歴史的事実のいくばくかは叙述されていた。たとえば、一八七二年（明治五）にイギリス人の指導の下に新橋—横浜間の鉄道が開業したとか、一九〇六年に国内鉄道網の統一を図って鉄道国有法が公布されたとかは、教科書的な歴史の本にもきちんと記述されていた。しかし、それらの学問的な意義付けはきわめて浅いものであったし、一九五〇年代までの日本には鉄道の歴史を専門に研究する学者はいなかったのである。「いなかったのである」と書くと、異論が出るかもしれない。しかし、のちに述べるように研究の方法論や視点は現在とまったく異なっていたし、まじめな関心を持っていた研究者は皆無ではないにしても、ごくごく少数であった。

それは、一つには鉄道に関する知識が鉄道業界の関係者の中に閉ざされた知識体系として長年保持されてきて、一般社会人の間には広がっていなかったことと関係があると思う。実務家の間だけでいわゆる業界常識の範囲に止まっていたのである。しかも、日本の実務家の通弊である歴史に対する無関心があって、鉄道実務家の間でも現代分析や将来構想には研究の価値は認めても、鉄道史は決して重要な話題にはならなかった。

このような事実は、軍事知識の場合とよく似ているといってよいように思う。日本では昔から軍事は軍人だけの占有する知識という漠然とした考えが一般社会人にあって、第二次世界大戦中やその直前の軍国主義華やかな時代にあっても、軍事がまじめな知識体系として普及したことはなかった。このことは欧米の先進国の一般社会人（政治家や経済人、技術者などを含めて）の軍事常識と大きく異なっている。戦後は軍事に対する嫌悪感が加わって、考えてもいけない、勉強してもいけないという風潮すら教育の世界に蔓延《まんえん》していて、世界の先進国の中では異例ともいえるくらい国民の軍事常識レベルの低い国となっている。

鉄道に関する知識もこれと似たような環境にあったと考えてよいのであるが、鉄道と軍事との大きな違いは、軍事については軍隊の基地に近い地域の人以外は、普通は軍隊に接する機会は少ないのに対し（現代ではマスコミによって膨大な国際情報が流され、人々の適切な判断を促す過程で国際関係史や軍事とその歴史に関わる体系的な知識の必要性を感ずるようになっているが）、鉄道は一般の人々が毎日接し、利用するものであって、鉄道に対する関心を持つようになる機会が大きいことである。

しかし、同時に日本には鉄道の知識に対する偏見があって、一般社会人が鉄道について関心を持つと、「乳離《ちばな》れしない幼児みたいだ」とか、「よい大人が恥ずかしげもなく」というような軽蔑ないし侮蔑のまなざしで見られるという奇妙な風習が少なくなかったことにも触れるべきであろう。鉄道は幼児や少年だけが持つ独特の関心、興味の対象と考える人が多かった時代が長く続いていたのであった。これでは、鉄道がまじめな学問の対象になる可能性は極端に低かったといわねばならないだろう。

鉄道史研究の萌芽

鉄道研究を取り巻く社会的環境についてはとにかくとして、ここで鉄道研究がまじめな学問的関心の対象として見直されてくる道程を振り返ってみる必要があると思う。鉄道忌避伝説への疑問が生まれ、学問的な検討の対象となるのには、歴史学、地理学、あるいは経済史学などの既存の学問体系の中で鉄道史への関心が育ち、これらが相互に情報を共有して、学際的な知識体系を創り上げる努力が必要だったからである。

日本における鉄道史研究の歩みを概観すると、明治中期の一九〇〇年（明治三三）前後に、鉄道企業が自社の記録を整理して社史の編纂が始まり、次いで国鉄の幹部職員によって制度史、政策史、技術史などの分野で研究論文が発表されるようになった。いわば鉄道業界の中での鉄道史研究の嚆矢《こうし》といえる。一九二〇年（大正九）には、鉄道創業五十周年を記念して、当時の鉄道省は上・中・下の三篇から成る浩瀚《こうかん》な『日本鉄道史』を公刊し、制度史、建設史に中心を置いてはいるが、一つの総合的な鉄道史が完成した。

いわゆる学界からの鉄道史へのアプローチは、経済史からの研究が最も早く、日本近代史の中で鉄道の果たした役割の評価が論じられた。具体的には、山田盛太郎『日本資本主義分析』（岩波書店、一九三四年）がマルクス主義経済学の中の講座派の立場から鉄道の発達を論じたのが最初であり、ここでは鉄道の軍事的な役割が極端に強調された。

この立場からの鉄道史研究は、戦前から戦後の一九五〇年代にかけて、いくつかの著作が刊行されたが、共通していることは、鉄道の発達に関する史実を『日本鉄道史』のような鉄道企業の刊行物にまったく依存し、これを唯物史観に立つ日本資本主義の発展「法則」で単純明快に割り切って説明してゆくという立場であった。ここでは一次史料に基づく事実の確認という点では新しいものは何も生まれなかった。もともと演繹《えんえき》的な発想のマルクス主義経済学の世界では、理念に基づく一つの必然的な歴史の流れを把握するのが主流であって、地域的な問題は射程外にあり、日本の鉄道全体をマクロな視点で捉えることにしか関心がなかったのである。そのために一連の唯物史観に立つ研究では、一次史料を駆使して事実を立証するという態度は稀薄であり、既存の方法論の正しさを証明するために既知の資料から自説に都合のよい事実を引用するという傾向が見られた。

鉄道史研究の本格化

当時のこのような鉄道史研究の問題点を鋭く批判したのは原田勝正氏で、鉄道史の研究が実態分析ないし一次史料に基づく事実の解明という、歴史学のオーソドックスな方法に向かうべきことを主張した（原田勝正「わが国鉄道史研究上の成果と問題点」『交通文化』一号、一九六二年）。

しかし、基本的な一次史料の分析に基づく実態研究はすでに始まっていて、そのパイオニアというべきものは経営史学の立場から行なわれていた。それは石井常雄氏による両《りょう》毛《もう》鉄道についての次の二編の論文であった。

「両毛鉄道会社における株主とその系譜」『明治大学商学論叢』四一巻九・一〇号、一九五八年

「両毛鉄道会社の経営史的研究」『明治大学商学研究所年報』四号、一九五九年

石井氏は株主分布を考察することによって鉄道の成立とその後の発達の性格を明らかにし、一つの局地的な鉄道を地域社会の中に位置付けたのであった。地域社会との関連で鉄道の歴史を見てゆく研究手法の導入は、鉄道史研究の世界に新しい視点を開発するところとなったのである。もっとも当時の歴史学や地理学の世界ではまだ鉄道についてまともな研究はされていなかったし、経営史や経済史の世界でも、石井論文が大学紀要という頒布《はんぷ》範囲の狭い雑誌に発表されていたために、すぐには注目を引かなかった。

実際に地域社会との関連で鉄道の歴史を研究する方法が盛んとなるのは、一九六〇年代後半からである。高度経済成長の中で地方自治体の財政が豊かになり、地方史誌の編纂《へんさん》が盛んとなった。その中でそれまで地方史の世界で軽視されてきた近代史にも目が向けられるようになり、個々の鉄道の性格や役割を評価して、その地域の社会経済の発達の中で鉄道を位置付ける姿勢が次第に高まってきた。同時に運輸省（現在の国土交通省）や都道府県庁に保存されてきた私鉄監督関連の文書や営業報告書が史料として使えるようになって、鉄道の計画から建設の過程、開業後の状況などが地域社会の社会、経済、文化などとの関連で説明されるようになった。また鉄道の発起人や株主の性格分析を行なう経営史的手法も取り入れられた。

交通史の専門学会として、一九六三年（昭和三八）に交通史学会（機関誌『交通文化』）

が発足したが、一九六六年に財政難で活動を中止してしまった。しかし、一九七五年に交通史研究会（機関誌『交通史研究』）、一九八三年に鉄道史学会（機関誌『鉄道史学』）がそれぞれ創立された。これによって、さまざまの学問分野の中で孤立して研究を進めてきた人々の間に横断的な連絡が促進されて、専門分野間の壁が打ち破られ、研究者間の情報交流が活発となったのであった。

日本各地の鉄道の歴史についての個別研究が進む中で、鉄道忌避に関する情報も集積され、それぞれについて検討が加えられるようになってきたのである。

鉄道忌避伝説を疑う

鉄道忌避伝説への疑問

私が鉄道忌避伝説への疑問を学会で初めて発表したのは一九八〇年（昭和五五）五月に開催された交通史研究会大会（立教大学）においてであり、その内容は二年後の一九八二年三月、「鉄道忌避伝説に対する疑問」という題名で、日本地理教育学会の機関誌『新地理』（二九巻四号）に掲載された。この中で日本人の鉄道史認識の中でほとんど常識化していた明治期の鉄道忌避伝説に疑問を投げかけ、その実在に否定的な結論を下した。

実は、鉄道忌避伝説に疑問を提示したのは、私が最初ではない。すでに一九七〇年代には一部の鉄道史研究者の間では、こうした疑問はある程度まで広まっていて、実際に疑問を投げかけていた論考はいくつか存在した。

まず、この疑問に触れたのは鉄道史の概説書であった。

沢和哉氏は、『日本の鉄道一〇〇年の話』（築地書館、一九七二年）において、「東海道線の建設では一般に言われているような、鉄道開通当初にあった無知な鉄道敷設反対運動は、すでにみられなかったようである」（五六ページ）とし、宿場町などで「積極的な鉄道誘致運動が展開された」（同ページ）と述べており、原田勝正氏も私との共著『日本の鉄道―一〇〇年の歩みから―』（三省堂、一九七三年）で、東海道線の延長にあたって「藤沢・岡崎などでは、宿場における反対はつよかったといわれ」（二九ページ）としながらも、「このころになると、鉄道の反対・忌避は、このような現実的根拠〈注＝海中の築堤によって漁船の出入り口が塞がれたり、水田の排水が不良になったりすることからの反対運動を指す〉にもとづくものが多くなって、新しい「文明」に対する違和感から反対するというものはほとんど消えてしまった。むしろ三島、見付では積極的な誘致運動が展開されたといわれる」（同ページ）とかなり問題の本質を突いた記述をしている。ただ、沢氏や原田氏においても鉄道の忌避あるいは誘致の論拠をはっきりとは示しておらず、「といわれる」とぼかした記述になっていた。

中川浩一氏は、『茨城の民営鉄道史』上（筑波書林、一九八〇年）において、さらに突っ込んだ評論を展開した。それは日本鉄道土浦線（現在のJR常磐《じょうばん》線）の建設に際して、茨城県龍ヶ崎《りゆうがさき》の人々が反対したという『土浦市史』の記述に疑問を投げかけ、「このような鉄道忌避伝説と称すべき伝承は、全国的に存在し、またこのことが、ほどなく非を悟った地域住民によって、局地的な小鉄道の建設が始められたとするしめくくりを通例とする。けれども、実際には、鉄道忌避の具体的事例を実証し得るケースは稀である。幹線鉄道が、町域をさけるようにして存在する場合、そのよってきたる原因の裏づけを求める段階で、結果論的に鉄道忌避伝説を作りだしたとするほうが、適切と思われる事例が珍しくない」（三二一～三二二ページ）と述べる。そして、土浦線の建設されたルートは地形的に「最も適合した存在」とし、それまでの鉄道忌避伝説への疑問の投げかけをさらに前進させている。中川氏は鉄道史研究者として全国の鉄道を広く実地踏査した豊富な経験を持ち、また地理学者として、地形と鉄道ルートとの関係という、あまりに明々白々な因果関係ではあるが、歴史学者が無視してきた事実をきちんと指摘していた。

私自身も、「甲武《こうぶ》鉄道」（『多摩のあゆみ』二号、一九七六年、一七～二〇ページ）において、巷間伝えられている甲州《こうしゆう》街道筋宿場町によるといわれている鉄道反対運動の存在に疑問を投げかけた。そこでは、甲武鉄道（現在のJR中央線）の建設計画が馬車鉄道として始まり、最初は五日市街道筋（玉川上水沿い）、次いで青梅《おうめ》街道筋に変更された後、蒸気鉄道に改められて、現在の武蔵野台地上を直線ルートに建設された過程に触れ、そもそも確かな文献による限り、甲州街道沿いのルートに関しては計画があったことすら確認できないことを指摘した。

鉄道忌避伝説否定の実証

しかし、この問題を正面から論じ、体系的に鉄道忌避伝説への疑問を提示したのは、やはり私による前記の論文「鉄道忌避伝説に対する疑問」が最初であったと思う。この論文は地理学界や歴史学界で次第に注目されるようになり、かつ鉄道史の地方史的なアプローチが鉄道史研究の主流を占めるようになると、具体的な地域と鉄道を取り上げて、この問題を論じた研究が数多く発表されるようになった。その中で私の論文が先駆的研究として多く引用された。私の知る限りでは、次のような論文があり、いずれも私の考えの正しさを実証する結果となっている。これらの研究論文については、その内容を引用して後章で取り上げることもあるが、一応、ここにリストを掲げておこう（発表年順）。

藤井　建「東海道線岡崎駅の忌避運動の実態について」『研究紀要』一七号、岡崎地方史研究会、一九八九年、三八〜四七ページ

菊川町史編さん委員会『菊川地域鉄道史』（『菊川町史』別編）、菊川町、一九八九年、一七〜一九ページ（同書は大庭正八執筆）

長谷川孝彦「甲武鉄道成立の前提」『国史学』一三九号、国史学会（国学院大学文学部史

学科）、一九八九年、六九～八五ページ
瀬古龍雄「鉄道忌避伝説と地域社会―新潟県における実態―」『鉄道史学』一二号、鉄道史学会、一九九三年、一七～二五ページ
大庭正八「明治中期の静岡県における東海道鉄道建設とそれに対する地域社会の対応」『地理学評論』六七巻A一二号、日本地理学会、一九九四年、八三三～八五七ページ
飯島　章「日本鉄道土浦線の路線策定をめぐって―龍ヶ崎・流山の鉄道忌避伝説批判―」『茨城史林』一八号、茨城地方史研究会、一九九四年、二八～四六ページ
佐藤美知男「直線鉄道形成の事情」（多摩の交通形成史研究会編『多摩―鉄道とまちづくりのあゆみ』Ⅰ、第一章「近代交通の形成」第2節）、東京市町村自治調査会、一九九五年、一七～二三ページ
白土貞夫『千葉の鉄道一世紀』、崙書房、一九九六年、一四～一六ページ
山下耕一「常磐線の流山通過案と流山線敷設について―線形からの一考察―」『流山市史研究』一六号、流山市立博物館、二〇〇〇年、七五～一〇五ページ
白土貞夫『岬へ行く電車―銚子電気鉄道七七年のあゆみ―』東京文献センター、二〇〇一年、一一～一四ページ
岡田　直「城下町都市における「鉄道忌避伝説」をめぐって―盛岡と熊本の事例―」

『地方史研究』三〇四号、地方史研究協議会、二〇〇三年、六二～七五ページ
桑島　裕「高崎線建設に関わる地方の民衆意識―高崎線沿線の鉄道忌避伝承の検討―」高崎経済大学附属産業研究所編『近代群馬の民衆思想―経世済民の系譜―』、日本経済評論社、二〇〇四年、二八五～三一五ページ

また私自身も東海道線岡崎付近の鉄道忌避伝説および地方史誌と学校教育での鉄道忌避伝説の取り上げ方を考察した次の論文を発表した。

「鉄道忌避伝説に対する疑問―補論―」『文化情報学』八巻二号、駿河台大学文化情報学部、二〇〇一年、三五～四四ページ
「地方史誌と学校教育における鉄道忌避伝説」『新地理』五四巻一号、日本地理教育学会、二〇〇六年、一～一七ページ

このように、現在までに鉄道忌避伝説については、多くの具体的な研究が積み重ねられ、その実態はかなり明らかにされて、鉄道史研究者の間ではその虚像であることがよく知られてきたのである。しかし、これらの論文は数こそ多いが、決して多くの人々の目に触れるものではなかった。それらは専門の学会誌や、頒布範囲がきわめて限定される地方出版社の刊行、地方学会誌、あるいは大学紀要などに掲載された研究論文である。したがって、鉄道史の専門研究者でない人がこういう論文を読む機会はまずないといってよい。このよ

うな人々が、たまたま鉄道の歴史に触れるとき、「通説」通りに鉄道忌避伝説をあたかも実際にあったかのように書いてしまうことが多いのが現実であるといってよい。ジャーナリズムの世界の人々の書いたもの、地方史研究者の執筆したものには、まだまだ鉄道忌避伝説は堅く信じられているのである。一般の人々の鉄道史に関する「常識」の中にも、鉄道忌避伝説は何の疑問もなく、生きている。このくらい広く信じられている「通説」も珍しいのであって、なぜそうなったのかも考えてみる必要があるだろう。

諸外国における鉄道反対運動

イギリスの創業期の鉄道

ここで初めて鉄道という交通機関に接した一九世紀前半のイギリス人が、これに対してどのような態度をとったか、信用のおける概説書、研究書によって、紹介してみたい。平均的な人間というものは、本質的に保守的な性格を持っているものらしい。何か新しいものに出会うと、それによるメリットよりもデメリットにまずおびえ、従来の習慣や環境が壊れてしまうのではないかと恐れてしまう。それまで馬車とか馬に乗る、あるいは運河などの交通形態に対して、スピードも、輸送力も、乗り心地も大きく優れていた鉄道の誕生が、かえって多くの人々の反発を惹き起こしたという物語は、実はヨーロッパの鉄道先進国で多く記録されてきたのであった。

世界で初めて蒸気機関車を用いた営業鉄道となった、ストックトン・アンド・ダーリントン鉄道が一八一七年に計画され、一八一九年に議会に建設の特許申請をしたとき、沿線となる予定の地主や農民の反対があった。とくに激しい反対をしたのは、エルドン・ダーリントン伯爵 Earl of Eldon and Darlington で、みずからロンドンの議会に出席して鉄道反対を煽り、法案は一〇六票対九六票で葬り去られた。伯爵の反対理由は、彼の所有地内にある狐の棲息地が鉄道予定地になっていて、狐狩りができなくなってしまうということにあった。また、ダーリントン―西オークランド間のターンパイク・トラストが鉄道の建設に反対し、鉄道側の弁護士であったレイスベック Raisbeck とミューバーン Mewburn は、トラストの株を買収して、その反対を封じこめたという。それでも鉄道側は一八二一年に再度特許申請をし、今度は議会の賛成を得て、鉄道を建設することができた（Holmes, P. J.: *Stockton and Darlington Railway 1825–1975*, p. 4, ただし同じ話は、Savage, I. C.: *An Economic History of Transport*, p. 38 にもあるが、反対した貴族の名前がクリーヴランド公爵 Duke of Cleveland となっており、クリーヴランドの名前はホルムスの著作ではクリーヴランド教会副監督 Archdeacon of Cleveland となっていて、彼は鉄道賛成派に属している。ここではホルムスの著作に従う）。

第二の蒸気鉄道となったリヴァプール・アンド・マンチェスター鉄道の建設に対する反対の理由はより経済的なものであった。この両都市の間の独占的な交通業者であった運河会社が、沿岸の地主たちを糾合して鉄道に反対し、一八二五年に議会に提案された特許法案は否決されたのである。鉄道側はルートを若干変更して再申請し、ようやく翌年に特許を得ることができた。そして、一八三〇年の鉄道開業によって、運河会社は大きな打撃を受け、衰退の道を歩むことになるのである。

ローマ法王と鉄道

イタリア半島では、ローマ法王庁が鉄道やガス灯のような一連の産業革命の成果に対して否定的な見方をしていた。とくにこれらを禁止していたわけではないが、決して積極的に導入するではなく、何もしないという状態だった。宗教上の戸惑いがあったのかもしれない。このために、ローマ法王領（当時のローマ法王は中部イタリアに領土を持つ世俗的な国家の元首を兼ねている）の鉄道建設が、隣接するサルデーニャ王国（北イタリア）や両シチリア王国（南イタリア）よりも遅れたという事実があった。ローマ市民はこんな小話を作って法王庁の頑固な態度を皮肉ったという。

> 法王グレゴリオ一六世（在位一八三一〜四六）は天国への道を一人でとぼとぼと歩いていた。道は長く、埃っぽかった。途中で聖ペテロに出会った法王は「天国へはまだどのくらいかかるでしょうか」と尋ねた。「まだまだ遠くじゃ」と答えた聖ペテロに、法王は「でも私は疲れました」といったところ、聖ペテロは言った。「なに、鉄道をつくればすぐに行けるところじゃ」（Kalla-Bishop, P. M., *Italian Railways*（Series : *Railway Histories of the World*, p. 27）。

法王庁が鉄道を容認したのは、グレゴリオ一六世が死んで、自由主義的な法王ピオ九世（在位一八四六〜七八）が即位してからであった。新法王はナポリで鉄道に乗ったことがあり、鉄道への偏見はなかったようである。一八五六年にローマ郊外に最初の鉄道が開業した。

中国最初の鉄道

中国における最初の鉄道営業は、イギリスの貿易商社怡和《いわ》洋行（Jardine & Matheson Co.）による上海《シャンハイ》—呉淞《ウースン》間鉄道計画に始まる。この鉄道は全行程9¼マイル（約一四・九キロ）、軌間二フィート六インチ（七六二ミリ）、二六ポンド（一三キロ）軌条を用いた軽便鉄道で、一八七四年一二月（清国同治一三年一一月七日）起工した。雇われた建設労働者は二〇〇〇人に達した。

実はこの鉄道建設は清国政府の許可を得ないで着工されていた。まず馬車用の道路を造るという名目で土地を買収し、許可を得たのみで、勝手に鉄道建設工事を始めたのである。上海道員（江蘇省の下部行政機関である上海道台の長）沈秉成《しんへいせい》はこの事実を知っていたが見ぬふりをしていた。まもなく離任することになっていたので、外国人相手の面倒なことには関わりたくなかったのである。

全線のほぼ半分に相当する上海—江湾鎮間の建設工事が完成し、一八七六年六月三〇日（清国光緒二年閏五月九日）と翌日に公開試運転が行なわれた。西洋人一五〇人、中国人一〇〇〇名以上に招待状を発送した。清国政府の許可なしで建設されたこの鉄道に対して、後任の上海道員馮焌光《ふうしゅんこう》は、急いで北京の中央政府の指示を仰いだ。直隷総督李鴻章《りこうしょう》（在天津）と両江総督沈葆楨《しんほてい》（在南京）のような政府高官も乗り出して、イギリス公使など協議して、清国政府による鉄道買収が決定した。一八七六年一〇月二四日（光緒二年九月八日）買収契約が成立し、政府は会社に対して銀二八万五〇〇〇両を同年九月一五日より翌年九月一五日までの一年間に三回に分けて支払うこととした。そして支払い期間の満了までは鉄道の営業を認めることとし、同年一二月一日（光緒二年一〇月一六日）、すでに工事の完了していた江湾鎮—呉淞間を併せて営業運転が開始された。列車用機関車二両と小型の建設用機関車一両、客車一〇両、四輪貨車一二両が使用された。鉄道は評判を呼んで多数の中国人も利用した。

潘鍾瑞《はんしょうずい》という人（文章を書くくらいだから知識人である）が光緒三年四月に上海から江湾鎮まで友人と一緒に鉄道利用をした記録を残している。彼は蘇州河に架かる鉄大橋北方の停車場まで人力車で行き、切符を買った。江湾までの往復切符は一人銭一八〇文であり、呉淞まではそれよりも高く、片道切符の場合はそれよりも安くなる。列車は客車六両の編成で、上・中・下等各二両より成り、それぞれ運賃が異なる。駅で待っていると、まもなく黒煙が上がるのが望見され、やがて列車も見え、轟音《ごうおん》を立てて列車が到着した。機関車を先頭からはずし、後部につけかえて、列車の前後が入れ替わる。各客車は長さ約三丈

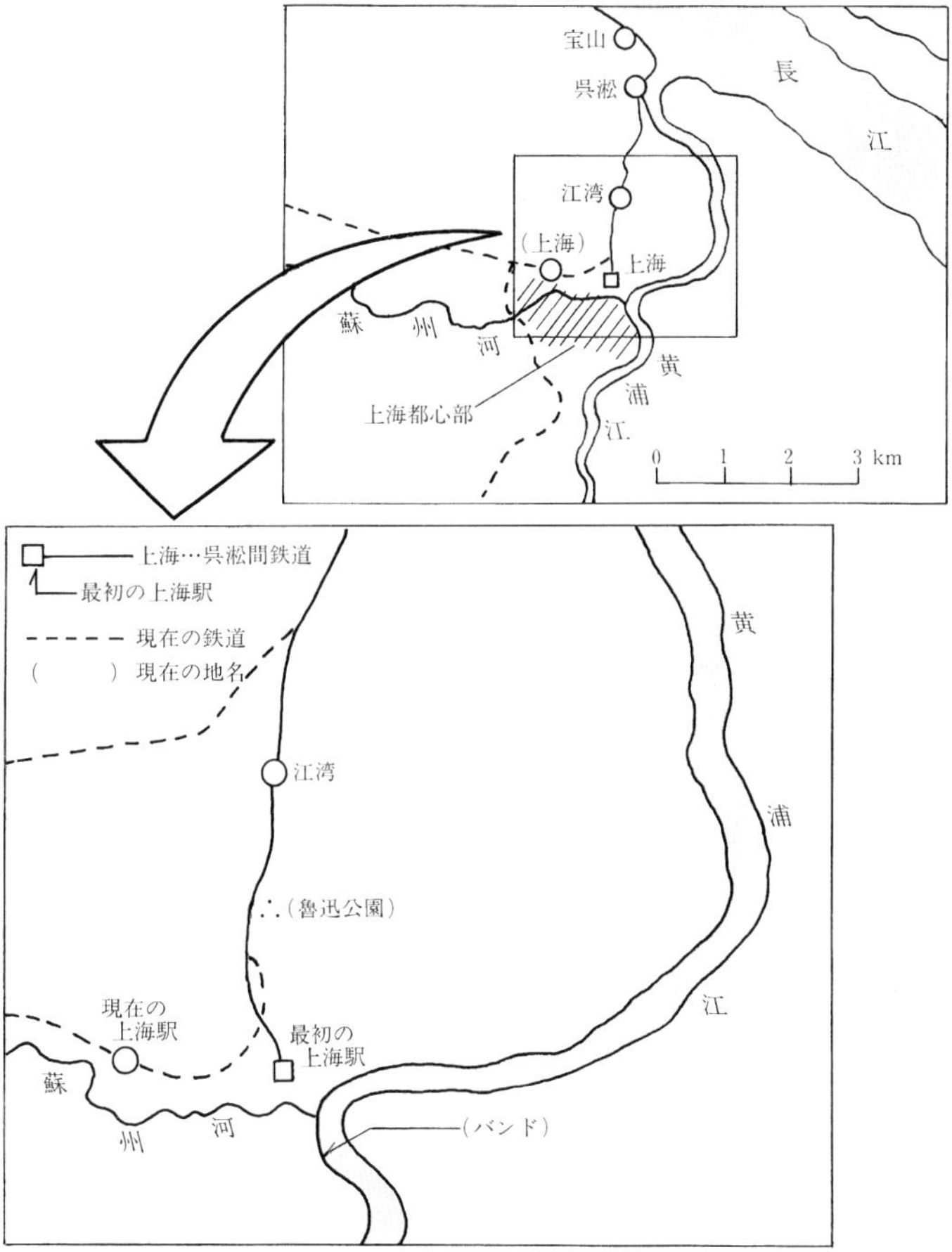

図1　上海—呉淞間鉄道の位置（拡大図は正しい縮尺では示されていない）

（九〜一〇メートル）、幅は狭く、乗客は対面して座る（ロングシート？）。一両の乗客は二十余人、六両で一四〇〜一五〇人くらい、出入口は客車の前後にあり、窓は開閉ができて、ガラスがはめられていて、眺望はよい。鉄路は真直ぐで平らである。初めは緩やかに、次第に速くなり、進むにしたがってますます速くなる。その有様は稲妻《いなずま》のごとく発し、旋風を巻き起こして走る。二本のレールの間隔は常に一定であり、列車はレールをはずれることなく走る。客車内では振動がなく、村や住宅、森林を通り過ぎ、桑園もところどころに見える。まもなく一二里を走って江湾に到着した、となかなか好奇心旺盛で、具体的に記述している。

この鉄道では建設工事中にこの地域に縦横に走るクリーク（水路）に橋梁を架設する際、水流を阻害するという理由で、沿線農民の抗議運動が見られたが、開業後も老若男女八〇〇〜九〇〇〇人が集まり、機関車の出す火の粉で危うく火事になりそうだったと抗議して列車を止めた。上海の人たちには鉄道に大きな反感を持つ人も役人を含めて大勢いたが、呉淞付近の村人を煽動して、路盤を壊したり、線路上に土砂を積み上げたりして、列車の転覆を図ったこともあった。なかには列車にわざと体をぶつけて自殺を試みる者もいた。ところが開業後一ヵ月以内に一人が実際に列車に轢《ひ》かれて死ぬ事件が起こり、かねて鉄道に好意を持っていなかった馮焌光は、「命をもって命を償え」、つまり「機関士は人を殺したのだから死刑にせよ」という乱暴な要求を出してきた。しかし領事裁判で機関士は無罪放免となった。

この事件は清国政府の排外思想に火をつけた格好となり、契約の通り、清国政府は光緒三年九月一五日に買収費全額の支払いを完了した。その前日をもって列車の運行は中止された。だが清国側にはこの鉄道を再開する意志はなく、鉄道機材一式は撤去されて台湾に送られたが、後年再び上海に戻し、さらに河北《かほく》省開平《かいへい》炭鉱の鉄道に転用されたという。

先に引用した潘鍾瑞は、鉄道の撤去を聞いて次のように書いている。「この鉄道は西洋人が造ったものだそうで、地を平らにし、真直ぐに走って、農地や家を壊し、たくさんの墓をつぶしてゆく。鉄道は内陸にも入ってゆこうとした。だから偉いお役人が皇帝陛下にこのことを報告し、陛下は西洋人に諭して鉄道をやめさせた。今はすでに撤去されて久しい」。当時の中国人がもっていた外国人に対する警戒感、あるいは嫌悪感が見られ、鉄道に対してもこのあたりが平均的な考えであったといえようか（宓汝成編『中国近代鉄路史資料（一八六三―一九一一）』第一冊、中華書局、一九六三年、三四～五八ページ）。

鉄道反対運動の分析

『オックスフォードのイギリス鉄道史事典』（*The Oxford Companion to British Railway History*, Oxford University Press, 1997）という事典をひもとくと、「鉄道の反対」“Opposition of Railway”という項目がある。これによると、あくま

でイギリスの鉄道に限定しての話ではあるが、鉄道に対する反対運動には、

①　個人的な反対、

②　地方共同体（地方自治体）による反対、

③　競争発生上の反対、

の三つのカテゴリーがあるとする。

第一のカテゴリーは、一八二〇～四〇年に目立つ反対運動であり、感情的、本能的、あるいは理由にならない反感によるものである。この面でイギリスにおける有名な人物はヴィクトリア女王の父親であるウイリアム四世（在位一八三〇～三七）で、グレート・ウエスタン鉄道の特許申請の法案（一八三五年）に反対している。また、とくに地主出身の議員には、鉄道は個人の財産権への侵害であるとして、土地の強制買収権に反対し、鉄道であればどんな法案であれ戦うと宣言したシブソープ Sibthorp 議員をはじめ、たくさんの実名を挙げている。ただ、この種の反対はスコットランドを除いて、一八七〇年代までに下火となったとする。

第二のカテゴリーは、鉄道会社の合併に反対した例が多く、鉄道会社が広い地域の鉄道網を独占的に支配することを非難した例が挙げられている。もちろん鉄道会社間の競争がなくなって、いわゆる独占の弊害が起こるからである。

第三のカテゴリーは、鉄道の開通を自社の営業に対する脅威とみなす反対運動で、初期の鉄道の多くは近くの運河会社の反対に遭った。これは一九世紀の後半まで続いた例が挙げられている。

日本の鉄道忌避伝説は、主として第一のカテゴリーに属するものが多いのであるが、第二、第三のカテゴリーに属するものも実はかなり存在し、これらについては後章で触れる。

サイモンズ教授の鉄道忌避研究

イギリス鉄道史研究の第一人者ともいうべきサイモンズJack Simmons教授（リスター大学）は、『都市と田舎の鉄道、一八三〇〜一九一四年』（*The Railway in Town and Country 1830-1914*, David & Charles, 1986）の中で、「初期の鉄道は田舎の地域の住民に大きなサービスを提供するものではなかった。地主はしばしば鉄道の敵となった。反対しないまでも土地買収に際して法外な値段を要求する売り手であり、鉄道の友人になることはめったになかった」と述べている（同書二九九ページ）。

サイモンズ教授の考え方を私なりに敷衍《ふえん》すると、初期の鉄道を計画し、建設、営業した人々は、その多くは都市の鉱工業者であり、商人であった。鉄道の運ぶ商品は石炭や金属鉱石、工業製品などと考えられていた。もう少し後の時代になると、田舎の農牧場の経営者であった貴族・ジェントルマンたちも彼らの作った農畜産物——肉や穀物——は鉄道を利用して遠くの大都市に商品として送られるようになるが、当時はまだ農畜産物は比較的狭い市場の中で流通させているに過ぎなかった。だから鉄道が彼らの農牧地を通過しても、自分たちの利益にすぐに結び付くとは考えなかったのである。

彼らは鉄道が何よりもプライバシーと農牧地の一体性を破壊すると考えた。また一部の農牧地を彼らの住居から分断してしまうと考えた。農牧地を掘り下げて鉄道を通せば、井戸や地下水の水脈を切断することもあった。低い土地に長い築堤《ちくてい》を設けると、その上流側では排水が阻害される。掘割《ほりわり》にせよ、築堤にせよ、これまで自由な方向に可能であった農牧地内の交通が不便になる。さらに、鉄道のルートを決定するのは都市の住民であり、地主や農牧業関係者の立場に立って立案されることがなかったことも不満であった。

サイモンズ教授の考え方はなかなか示唆に富んでいる。鉄道に対する反対の理由は必ずしも新しいものに対する反感だけではなく、初期の鉄道は農牧業関係者にとってのメリットがあまりないと判断されたことも理由の一つになっていることを示しているのである。これは日本の鉄道忌避伝説を考察する上でも、きわめて重要な考え方であるといえよう。

イギリスでは、鉄道の建設に当って、鉄道会社は地主たちの既得権に配慮するよう多くの条項を盛り込んだ特許に縛られていた。一八四五年に土地条項統一法（Land Clauses Consolidation Act）が施行されて、土地買収の手続きが統一された。土地が鉄道会社と地主の双方の合意によって買収される場合は、買収価格は二人の不動産鑑定士の評価によって決められた。二人のうちの一方は鉄道の発起人によって、他の一人はそれ以外の人がなる定めであった。合意が得られず、強制買収の場合には、土地所有者を悪辣な鉄道発起人の勝手な行為から守るために、保障の条項があって、仲介裁判か審査会によって適正な保障が行なわれることになっていた。

初期の鉄道について当時の人々が示した不合理な恐怖や偏見もそれなりに経済的な合理性があったことも認めねばならないが、そのことが土地に対する手厚い保障が法的に定められる結果となった。それは地主たちの既得権を守るために必要と考えられた条件であった。この他にも、議会に対する運動費用や鉄道反対者を軟化させるためのさまざまの支出が鉄道会社の資本負担を増加させた。このためにイギリスの初期の鉄道は、イギリスの後を追いかけて鉄道を建設したヨーロッパ大陸の国々よりも建設のコストはどうしても高価とならざるを得なかった。イギリス（イングランドとウエールズ）における鉄道一マイル当りの建設費は、プロイセンの鉄道のそれに比較して約三倍、アメリカとの比較では約五倍とされている（Savage, C. I., *An Economic History of Transport*, Hutchinson University Library, 1966 revised, p. 44)。

鉄道忌避伝説の検証

鉄道のルートを決定する原則

鉄道忌避伝説検証の視点

私は各地で伝えられている鉄道忌避伝説は、すべて厳密に再検討しなくてはならぬと考えているが、どのような視点で、個々の鉄道忌避伝説を一つ一つ吟味してゆかねばならないのであろうか。そのためには、次のような三つの視点が挙げられると思う。

① 鉄道忌避の実在を証明する基本史料が存在するか。

② 鉄道忌避があったとされる時期において、日本全体の鉄道政策や鉄道建設の傾向はどのような状態であったか。

③ 鉄道のルートは地形との関連で合理的に選択されているか。

そこでこれらの三つの視点について少し具体的に述べてみよう。

鉄道忌避を証明する基本史料

歴史的な事件の実態を明らかにするためには、基本史料の捜索と分析を通じて行なうのが常道である。そもそも全国各地で言い伝えられている鉄道忌避伝説について基本的な一次史料がないから疑問が持たれたのである。鉄道忌避伝説の実態を明らかにする基本史料としては、鉄道通過反対の請願書、檄文《げきぶん》、当時の新聞、関係者の日記・手記などが考えられる。あるいは鉄道側に残された史料に反対運動の存在したことが記されていてもよい。これらの史料の吟味《ぎんみ》と分析によって、初めて鉄道忌避の実態を明らかにすることができるのである。

後章でも詳しく触れるように、東海道の岡崎や甲州街道の府中のように、全国的に有名となっている鉄道忌避伝説すら、その実在を証明する基本史料は発見されていない。しかし、史料がないことは、それがすぐに鉄道忌避運動の否定には繋がらない。ことはそれほど簡単ではないのである。史料がないことは、あるよりもむしろ厄介で、「史料が見つからないのはお前の探し方が悪いのだ」といわれればそれまでだからである。だから史料がないだけで鉄道忌避伝説を否定することはできないのである。

近年、各地で地方史の研究が盛んとなり、厳密な史料の吟味と分析によってさまざまの歴史的事実が明らかにされたり、従来の通説が修正されたりする例が多く見られるようになった。とくに市町村史（誌）の編纂の過程で旧家に蔵されていた文書や、役所の公文書が発見されて、これらを保存するとともに、資料集として印刷・出版して、公開する例が多くなった。地方的な基本史料の発掘は今やきわめて進んでいて、鉄道関係の文書も少なからず発見されている。しかし、鉄道や駅を誘致しようとする文書が多く発見されているものの、鉄道反対をはっきりとうたった文書はみつからないのである。

いずれにせよ、基本史料の発掘、吟味、分析が鉄道忌避伝説研究の第一歩であることは間違いない。

次の視点は状況証拠の場を作ることである。日本全体の鉄道政策や鉄道建設の通史、流れの中で、それぞれの地域社会の鉄道を評価することである。

鉄道政策・鉄道建設の全国的傾向

日本の鉄道は一八七二年（明治五）の新橋―横浜間の開業に始まり、一八七四年以降の京阪神間の鉄道建設が続く。これらは政府みずからが建設し、営業する官設鉄道であった。しかし、一連の士族反乱や士族の秩禄処分、官営工場などの建設などによって政府の財政は破綻し、官設鉄道の建設はいったん下火となる。民間資本の掘り起こしによって私設鉄道を建設する政策が採られ、一八八三年に最初の私設鉄道である日本鉄道が開業する。

一八八五年（明治一八）までに大蔵卿松方正義が強力に推し進めたデフレーション政策によって、日本は経済の安定化に成功し、日本の資本主義の本格的発展の基礎が築かれる。

その中で鉄道は将来性のある有望な産業として、各地で私設鉄道の計画が続出する。すなわち、先に述べた日本鉄道に続いて、一八八五年には阪堺《はんかい》鉄道が開業、一八八八年には水戸、両毛、山陽、伊予《いよ》の四鉄道が、翌一八八九年には甲武、関西、大阪、讃岐《さぬき》、九州、北海道炭礦《たんこう》鉄道の六鉄道が私設鉄道として開業した。この間、東西両京を結ぶ幹線鉄道のルートは中山道《なかせんどう》経由に決定され、一八八三年より測量と建設が始まった。途中でこのルートは東海道筋に変更され、一八八九年には最後まで未完成のまま残されていた馬場（現在の膳所《ぜぜ》）―米原―長浜間、および深谷―米原間（深谷―長浜間の付け替え）の開業によって東海道線新橋―神戸間の全通が実現している。そして、全国の鉄道網の延長は一〇〇〇マイルを超えたのであった。

一八八五～八九年に私設鉄道の計画、建設、開業が集中して行なわれたことを後世の鉄道史家は第一次鉄道熱と呼ぶ。一八九二年の鉄道敷設《ふせつ》法公布により熱狂的な幹線鉄道誘致運動の時代が始まり、一八九四年頃から一八九七年頃にかけての第二次鉄道熱に繋がってゆく。

全国各地に繰り広げられた幹線鉄道の誘致運動は、鉄道敷設法に記載された予定路線を各地域社会がいかにしてみずからの地域にとって有利なルートに選定させるかという運動であった。たとえば中央線のルート選定に当っては、沿線となる可能性のある多くの地域社会から鉄道誘致の陳情書や建白書《けんぱく》が鉄道局や鉄道会議に提出されているが、そこには鉄道を誘致することが地域社会の経済的開発に大きな効果をもたらすであろうという考えが共通している。

このように、熱心な鉄道誘致運動や私鉄への投資熱が全国的にあるにもかかわらず、ごく至近の距離にある他の地域では地域ぐるみの鉄道反対運動があるというのはいささか不自然なことである。たとえば甲武鉄道の建設に際して、武蔵野台地上の境や立川が積極的に駅の設置を誘致していた事実は、全国的な傾向と一致している。これに対して、甲州街道沿いの府中や調布が鉄道の通過そのものに反対していたとすれば、それはよほどの「特別な」理由があったと考えねばならないだろう。

要するに、従来信じられてきたように、一般の民衆は鉄道のことはよくわからず、無知のために反対したという考え方は誤った先入観ではないだろうか。一八八〇年代後半ともなれば、各地域社会の指導者層は鉄道について一応の常識を持っていて、鉄道建設に反対するという行動はむしろ全国的な動きに逆行するものであったと考えるほうが自然なのではないだろうか。

実は、各地の地域社会が鉄道を作る計画や誘致をしようとした事実については、たくさんの基本史料が発見されていて、そのことは実証されている。全国的に多くの地域社会が鉄道を迎え入れようとしているのに、ある地域だけが鉄道を拒否するのは、その地域に何か特別な理由があるはずである。「鉄道に反対するのが当たり前」なのではなくて、「鉄道に反対するのは何か特別の理由がある」と考えなければならないのである。逆にその特別な理由とは何かを明らかにしなければ、鉄道忌避の伝説を信じるわけにはゆかないということになる。

鉄道のルートと地形

第三の視点は鉄道のルートと勾配《こうばい》についてである。鉄道は大変勾配に弱い交通機関であって、日本の在来線を例に取るならば、一般には幹線鉄道で二五‰、ローカル線で三五‰程度が建設規定上の上限となっている。‰（パーミル）というのは水平距離一〇〇〇メートルに対して上下する垂直距離の割合で、二五‰は一〇〇〇メートルについて二五メートル上下する割合の勾配をいう。

日本の幹線鉄道では、信越線の横川—軽井沢間（最急六八‰。現在、この区間は廃線）、奥羽《おうう》線の庭坂《にわさか》—米沢《よねざわ》間（最急三八‰）のような例外はあったが、東海道線、中央線、北陸線、日本鉄道（現在の東北線）などの最急勾配は二五‰であった。一五‰程度以上の勾配が長く続くような線区は、当時の蒸気機関車の牽く列車ではかなり苦しい運転で、牽引する客貨車の両数が制約された。

明治期の鉄道では、トンネル掘削の技術が未熟だったので、トンネルの長さをできるだけ短くするようなルートが選択された。山地を越える場合に河谷に沿って線路を右転左旋させながら曲線のルートで遡《さかのぼ》り、次第に勾配が急になって、許容限度を越えたときに比較的短いトンネルで分水嶺を越えるようなルートが採択された。勾配をできるだけ小さくして峠を越え、トンネルと橋梁の延長と数を少なくし、工事費と工期を最も少なくなるように建設するのがルート選定の原則であった。このような地形と線路との関係は時代が下るとともに変わり、一九三〇年代になると長大なトンネルを掘ることをいとわず、開通後の列車運転に当って、有利な勾配と曲線のルートを採択するようになる。戦後の新幹線のルート選定はその典型的な例ということができる。このような鉄道のルート選定の原則は都市駅などの位置にも優先するのであって、歴史学者や地理学者は、これまで鉄道土木の常識に無知で、単に都市と駅の位置の違いだけで鉄道忌避伝説と断定してきた憾《うら》みがある。

たとえば、上位の河岸段丘《かがんだんきゅう》上の集落に対しては、たとえその集落が人口や産業の上で重要であったとしても、集落のある高さまで鉄道を上げることは不可能なことが多かった。

中央線の上野原駅（山梨県）は同名の町のはるか下方に位置し、駅と市街との連絡は不便であるが、現在の中央線のルート以外の選択は不可能である。このあたりには大別して三段の河岸段丘があるが、上野原市街が標高二五〇〜二七〇メートルの第一段丘上（地形学では形成時期の古い高位の段丘から第一、第二、第三と番号を付している）にあるのに対して、鉄

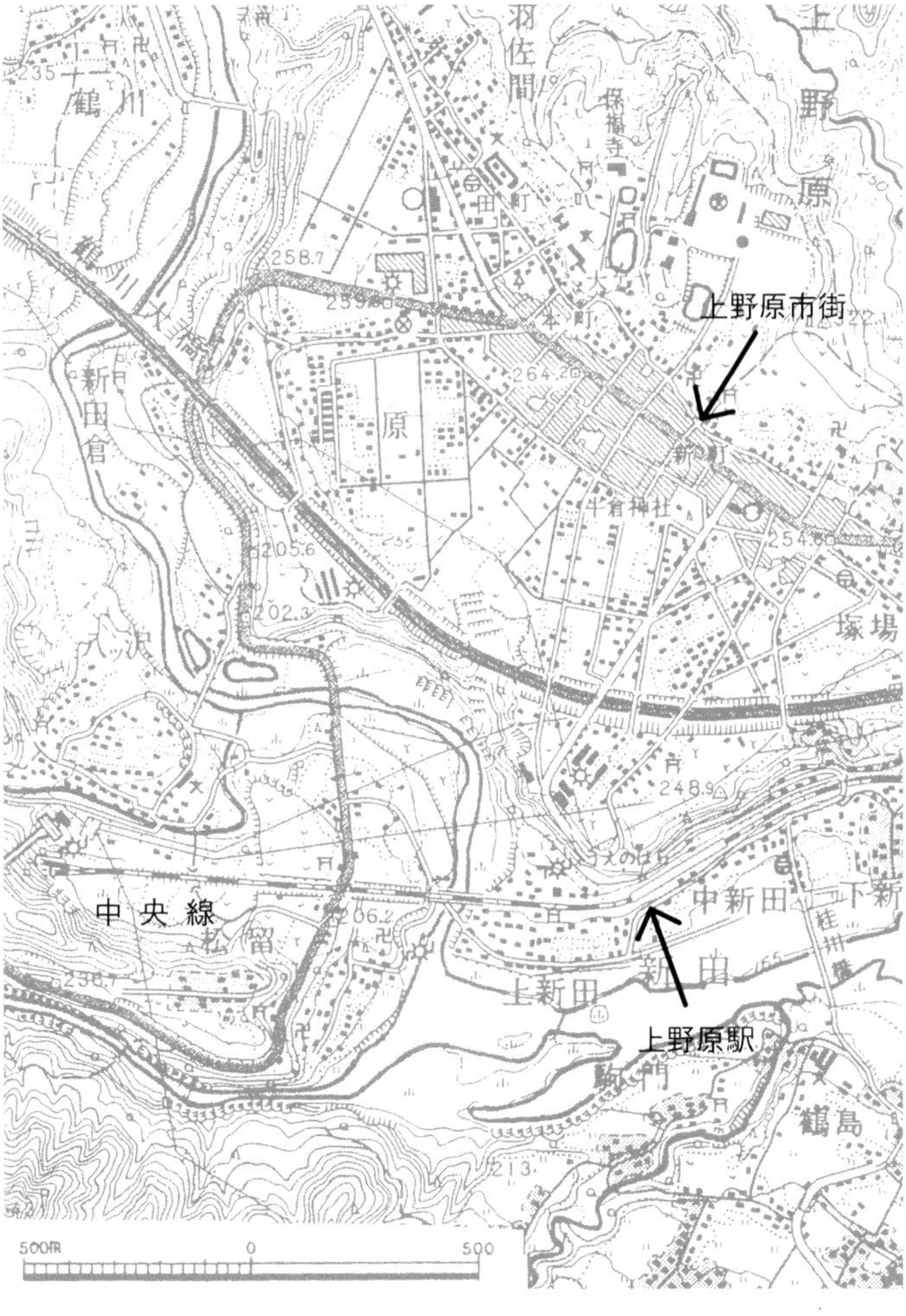

図２　中央線上野原駅と上野原市街の関係
（昭和49年修正測図2.5万分の１地形図をもとに作成）

道は桂川の河谷に沿って走り、第二段丘崖の下の狭い第三段丘上、標高約一九〇メートルの位置に上野原駅がある。中央線が八王子―上野原間を開業したのは一九〇一年（明治三四）であるが、住民の中にはこうした位置に駅が設けられたことを鉄道忌避の結果であると信じている人も多い。しかし、実際に段丘上に鉄道を登らせることは不可能である。しかも段丘面は桂川に流入するたくさんの支流によって分断されていて、谷を越えるごとに長くかつ高い橋梁《きょうりょう》を造らねばならないのである（前ページ図2）。

　このように鉄道が谷に沿って走る場合、それよりも高い位置の河岸段丘や台地に都市が載っている例は日本には数多い。千葉県佐倉や三重県伊賀上野《いがうえの》などでは、鉄道は町よりもずっと下に駅を設けている。

　中央線は一八九二年公布の鉄道敷設法では「第一期線」、すなわちすぐに建設予算がついて着工できる鉄道として、北陸線、奥羽線とともに指定されていたが、本州中央の山地を縦断するルートだけに、その決定には地形上の制約が多かった。一八九六年に着工されたが、八王子―甲府間では、図3に示すように比較検討の対象になったルートがいくつもあり、最終的には、小仏・笹子の二大トンネルの掘削を決断して、現在のルートが決定された。橋本経由案や谷村・吉田経由案が採択されなかったのは、長距離の迂回《うかい》ルートだったからであろう。笹子《ささご》峠《とうげ》はすでに信越線の碓氷《うすい》峠越えに採用されていたアプト式ラック

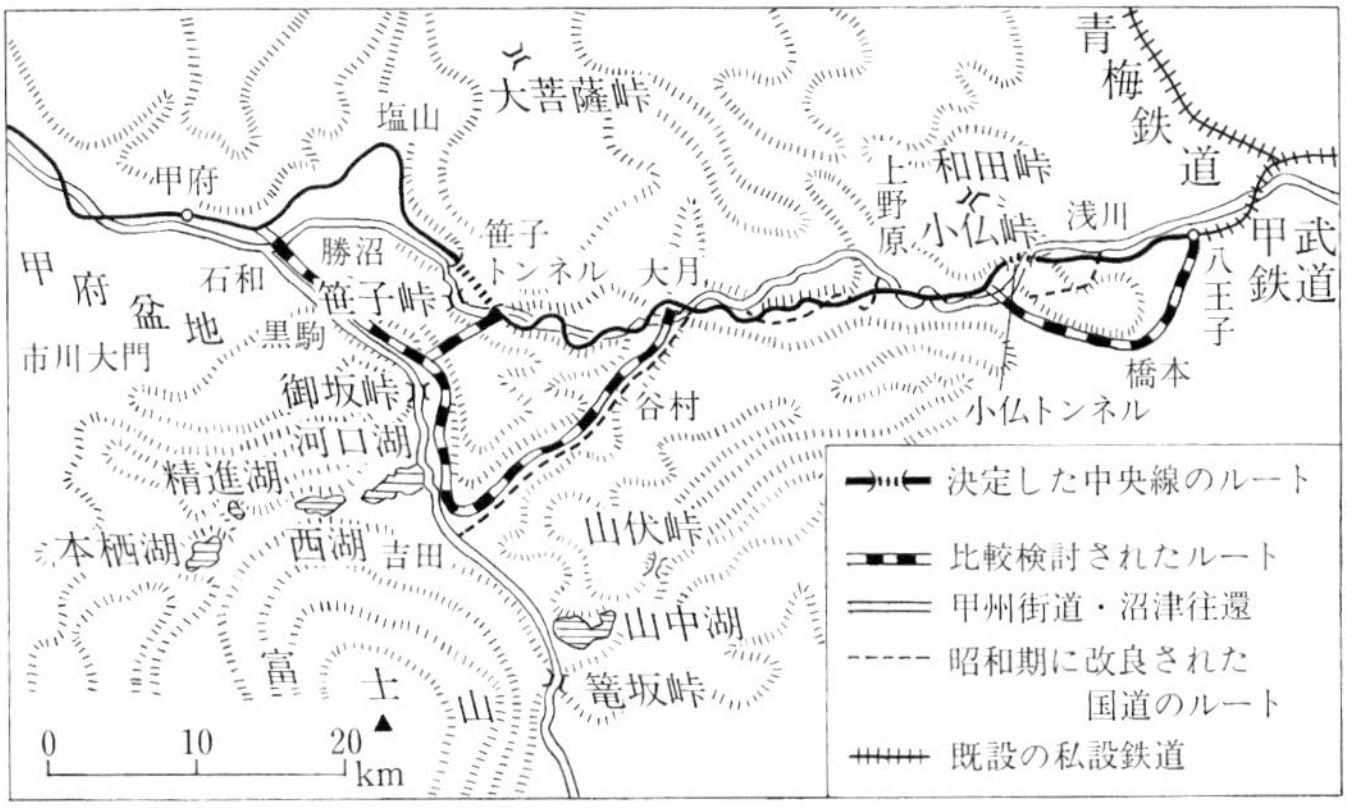

図３　中央線八王子—甲府間の比較検討ルート

レールで峠を越える案もあったが、採択されなかった。笹子トンネルは完成後、一九三一年（昭和六）に上越線の清水トンネルが開通するまで、日本最長の鉄道トンネル（長さ四六五七㍍）として記憶されるが、それまでは長さ一〇〇〇㍍以下のトンネルを掘削した経験しかなかった日本人が、一挙に四〇〇〇㍍クラスの「本邦未曾有《みぞう》ノ長隧道《ずいどう》」（『日本鉄道史』中篇、一三六ページ）の建設に踏み切ったことが現在見られるようなルート決定の切り札になったと考えられる。

また、笹子トンネルを出て、甲府盆地に下りるルートは北側に大きく迂回するルートを採択している。このことに関しても、鉄道忌避とは反対に、鉄道資本家として名をはせる、塩山《えんざん》出身の雨宮敬次郎が塩山を通過させるために路線をわざと迂回させたという伝説が地元にはあるが、笹子トンネルの西口から甲府に直線コースで下りるには勾配が急すぎる結果となり、盆地東縁の山地に沿いながら迂回し、距離を稼いで二五‰の勾配で盆地底に向かって徐々に下りてゆくしかないのである。このあたりの経過は『日本鉄道史』（中篇、一三五〜一三七ページ）が鉄道土木の常識にしたがって説明している通りである。地方史家の間で伝えられている谷村町（現在の都留《つる》市）の鉄道忌避伝説や、上記の雨宮による塩山迂回説もおそらく事実ではないであろう。

　地形との関係で見れば、中央線八王子—甲府間のルートは、路線勾配の上限を二五‰に押えるという前提に立つ当時の土木技術の水準から最も妥当なルートを選択していると考えるべきであろう。

　中央線の建設計画に当っては、沿線予定地の地域社会からきわめて多数の鉄道誘致の陳情書や建白書が出されている。しかし、このような陳情書が鉄道のルート選定に大きな影響を与えたとは思われない。各地からの熱心な誘致運動にもかかわらず、鉄道ルート決定の最大のキーワードは「地形」だったといえよう。

急勾配と急曲線を避ける

　鉄道建設に当って、ルートの選定はいかなる原則に従って決定されるのであろうか。

　前に述べたように鉄道は勾配には大変弱い交通機関である。鋼鉄のレールの上を鋼鉄の車輪が転がるという基本的な構造を持つ鉄道は、鋼鉄相互の間に働く摩擦力（鉄道では粘着力と呼ぶ）が小さい。これはコンクリート道路の上をゴムタイヤ車輪で走る自動車などと較べると、四分の一以下ではるかに小さい。そこで日本の鉄道の勾配は、いくつかの例外はあるが、原則としては、幹線鉄道では二五‰、ローカル線では三五‰を上限としている。明治期の蒸気機関車は現代の動力車に較べるとはるかに力が弱かったから、この上限に近い急勾配が長距離にわたって連続するような区間では牽引力も速力もガタ落ちになってしまう。急勾配区間にかかる手前の駅で列車を二つに分割して運転するような場合もあったし、補機といって、さらに一〜二両の機関車を増結することは決して珍しい事例ではなかった。

急曲線の区間では列車の速度は制限される。ただ、明治期の列車は現代ほど高速ではなかったから、急勾配に較べれば制約の度合いは小さかったといえるかもしれない。逆に現代の新幹線鉄道ではできるだけ緩やかな曲線が絶対的な必要条件となる。

このように、鉄道のルートは何よりも、できるだけ緩やかな勾配と曲線半径の大きな線（緩やかな曲線）であることが望ましい。これが列車の速力や牽引力を高めるため地上の線路側の最も重要な要因となるからである。現代の新幹線鉄道ではこの原則を忠実に守ってつくられているから、長大トンネルの掘削もいとわない。しかし、明治期の鉄道では、トンネル掘削の技術がまだ低いレベルにあったため、現代よりもはるかに地形上の制約が大きく、また、建設費にも制約された。

したがって地形図を見れば、どのようなルートを採択すれば、なるべくトンネルを掘らずにすむか、長い橋梁を架設しないですむか、とくに高い専門知識がなくても、ある程度まで推測はできる。できるだけ緩やかな勾配で線路を建設するにはどこを通ればよいのか、を明治期の土木技術者の立場になって考えることが大切である。

だから、甲武鉄道（現在の中央線）が新宿―立川間を二十数キロに及ぶ緩《かん》勾配の直線ルートで建設したのは、甲州街道筋の宿場町の反対でやむなく武蔵野台地上のルートを選択したためであるという鉄道忌避伝説があるが、鉄道側から見ればこれは理想的な線形であり、仕方なく選択したなどというようなものではないのである。

決定ルートの変更は難しい

現代でも充分いいうることであるが、さまざまの技術的、経済的な条件を充分に考慮した上で、いったん決定された鉄道のルートは、沿線住民の局地的な反対運動くらいでは絶対に変更されるものではない。また、一本の線で繋がっている鉄道のルートは、途中の何ヵ所かで反対運動にぶつかっても、その他の区間にも影響するので、現実にも簡単に変えるわけにはゆかない。

現代では鉄道側は、地元住民に対してある程度の交渉、説得をかなり長い時間をかけて粘り強く行なうが、明治期の鉄道官僚は今よりはるかに高圧的であった。先に挙げた甲州街道筋宿場町の例でいうと、もし鉄道側がどうしても甲州街道に沿って鉄道を建設したいと考えたならば、宿場町の反対があろうがなかろうが、建設を強行したであろう。明治の鉄道官僚はそんなに甘いものではないのである。

もう一度はっきりいうならば、鉄道のルート計画は、官設鉄道であれ、私設鉄道であれ、鉄道側から見て、技術的、経済的な制約の中で採りうる最良と考えられるものが選択される。そしていったん決定されれば、同一ルート上での駅の位置くらいの変更はあっても、ルート全体の大きな変更は起こりにくい。これが原則である。従来の歴史学、地理学の研究者はこの点についてまったく無理解であり、沿線となる予定の地域社会の住民が反対すれば、鉄道側は簡単にルートを変更するという幻想をいだいているかのようである。鉄道忌避伝説が長期にわたって信じられたことは、この点にも深く関係していると思う。

東海道線と宿場町

鉄道局技師松田周次の手紙

一八八八年（明治二一）九月一日、東海道線大府《おおぶ》（愛知県）―浜松（静岡県）間が開業したが、豊橋（愛知県）以西の区間では在来の東海道のルートとは並行せず、まったく異なるルートを選定した。鉄道が在来の街道ルートとは大きく離れて建設されたことは、岡崎（愛知県）をはじめとする東海道筋の宿場町などが鉄道を忌避した結果であるとする説を生んだ。日本で最も広く知られている鉄道忌避伝説である。また、岡崎駅の設置された位置は、当時の市街から約四キロ離れたところにあり、このことは岡崎の住民が鉄道を忌避した結果であると信じられている。

この区間の鉄道ルートの選定がどのようなプロセスで決定されたかについて、鉄道側の資料は現在までに発見されていない。しかし、東海道のルートは、中間の本宿《もとじゅく》、山中付近にある豊川流域と矢作《やはぎ》川流域との間の分水嶺《ぶんすいれい》を越える際に一六～一七‰程度の勾配が生ずるのは不可避であるが（後年の一九二六年にこのルートで開業した愛知電気鉄道〈現名古屋鉄道本線〉の標準勾配は一六・七‰である）、実際に東海道線ルートに選定された蒲郡《がまごおり》・幸田《こうだ》経由線では最急勾配でも一〇‰に止まっているから、勾配の面で後者は前者よりも優れたルートであることは明白である（次ページ図４）。

近年の地方史研究においては、鉄道建設の過程にかかわる多くの文書が発見、公表されているが、『蒲郡市誌』資料編には、東海道線のルート決定を示唆する貴重な文書が収録されている。これは、当時、宝飯《ほい》郡役所書記の長島藤六郎に宛てた鉄道局技師松田周次の書簡である（蒲郡市誌編纂委員会編『蒲郡市誌』資料編、一九七六年、六六七ページ）。

拝啓　益々御清祥奉大賀候。

陳者《のぶれば》東海道線路予測の節は豊川の西、小坂井近傍に於て、現今の線路より分岐し国府・御油・赤坂等を経て藤川・岡崎迄略《ほぼ》決定に相成候へ共、如何にも赤坂・藤川間は其地勢狭隘且つ急勾配を付せざれば容易に線路布設難相成《あいなりがたく》、種々苦心の処幸ひ貴下と面談の栄を得て該地方の状況及地勢等相伺候処《あいうかがいそうろうところ》、小坂井《こざかい》より西方《にしかた》・蒲郡・深溝を経て岡崎に至り候時は殆んど平坦、急勾配を要せずして工事容易ならんと、茲《ここ》に於て直ちに予測に着手せしに、貴言ニ不迷（違の誤りか）現今の線路を得たり。これ

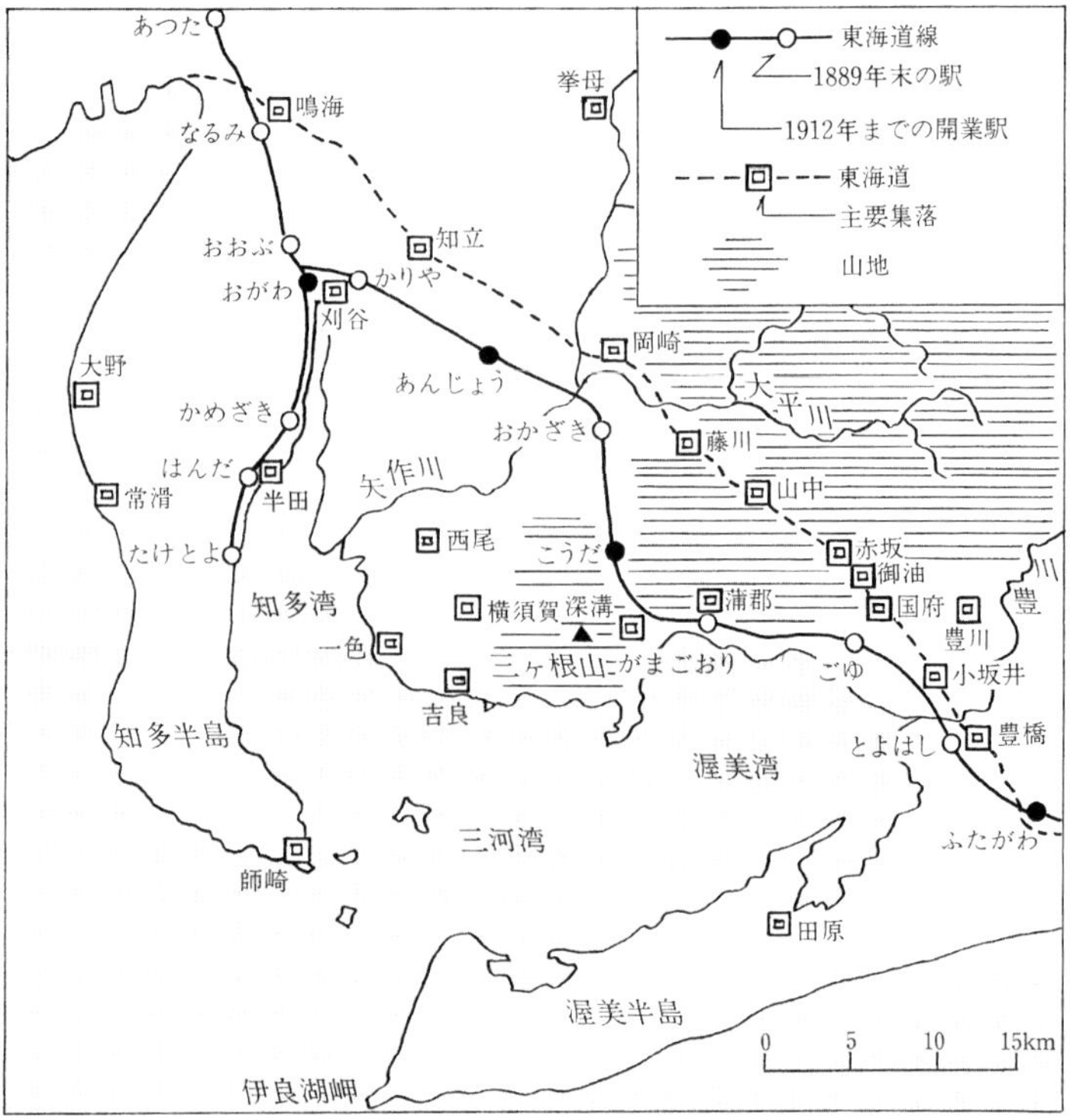

図4　東海道線豊橋—熱田間のルートと旧東海道

畢竟《ひっきょう》貴下の賜にして若《も》し貴下なかりせば、此の線路を得ること能はざるやと只管《ひたすら》感謝の外なく御座候。

依而《よって》　一書を呈し御礼申上候次第に御座候。

早々一筆

明治廿一年一月十六日

松田周次

長島藤六郎殿

（句読点著者）

先に述べたように、東海道線大府―浜松間の開業は一八八八年九月一日であったから、この手紙は線路のルートが決定されて着工し、開業も間近い時期に書かれた礼状であり、長島が松田に勾配が緩やかなルートの存在を教えたことを示している。長島藤六郎が東海道線のルートを蒲郡経由に誘致したという話はこの地方にはずっと伝えられていたらしく、後年の一九三三年（昭和八）に、前岡崎市長であった小滝喜七郎は、岡崎の地方雑誌の座談会「鉄道敬遠懐古」の中で、長島が蒲郡経由線を実現するために東海道ルートを中傷する巧妙な宣伝を行なったのが鉄道が岡崎を離れた大きな理由で、岡崎の住民が結束して鉄道に反対したのではない、という発言をしている（「岡崎の若き日を語る座談会――何故岡崎市民は鉄道を追ったか、蒲郡の功労者長島君、巧妙なデマ援用戦術」『東海公論』八七・八八、一九三三年〈『新編岡崎市史』史料・下一〇、同誌編纂委員会編・刊、一九八七年、五七八〜五八二ページ所収〉）。「長島藤六郎にしてやられた」という話し方であり、おそらく雑誌の編集者が付けたのであろう題名にも「長島藤六郎こそ悪の元凶」という気持ちが込められている。

『蒲郡市誌』と『新編岡崎市史』

松田より長島宛の礼状の原文が『蒲郡市誌』資料編に収録されたことは、明治前期の鉄道建設に対する沿線地域社会の対応を示す数少ない貴重な資料であるといえよう。しかし、この史料を用いた『蒲郡市誌』は、「東海道線の開通と蒲郡」の中で「長島藤六郎の功績」という一項を設け、長島の提言が東海道線通過の大きなヒントを与えたと述べた後、基本史料を挙げることなしに、「海岸沿いの住民は反対運動をしたが、竹本郡長と代議士加藤六蔵は沿線住民を集めて、『政府のする仕事に不平を言うこと相成らず』と厳命し、住民は仕方なしに承知したという。反対ぶりも海岸沿いは、宿駅関係の多い東海道筋ほど強力ではなかったのであろう」と書いている（帝国議会開設以前の時代において加藤六蔵を「代議士」というのはおかしいが、のちに代議士になったという意味であろうか）。『蒲郡市誌』の執筆者は、東海道筋はもちろんのこと、海岸沿いの地域においても鉄道忌避はあったに違いないという前提で記述していることは明らかで、せっかくのこの第一級史料の本当の意味に気付いてない。

一九九一年（平成三）に刊行された『新編岡崎市史』では、鉄道忌避の事実があったという断定はせず、「岡崎の街の鉄道反対運動は多分に伝説的なところがあり、それが本当にあったかどうかは定かでない」と述べており、「鉄道局には、東海道線を幹線としてその機能を発揮させるために、箱根越えの山北・沼津間の一〇〇〇分の二五の勾配区間を除き、一〇〇〇分の一〇を最急勾配にとどめる基本方針があり、包蔵寺坂が当時としては鉄道敷設の難所になっていたのである。このことと、東海道の宿場の反対もあり、平坦な海岸線を選んだのではないだろうか」と結論する。

「それが本当にあったかどうかは定かでない」といいながら、「東海道の宿場の反対もあり」と述べるあたりに、歴史研究者の頭の中に深く刻みこまれた鉄道忌避伝説の根深さを感じることができる。また、「一〇〇〇分の一〇を最急勾配にとどめる基本方針があり」といった明治期の鉄道建設常識を知らない執筆者がまったくの想像で書いたと思われる事実無根の記述もある。開業時の東海道線には箱根越えの区間以外にも二五‰勾配はいくらもあったのである。

このように最近十数年間に刊行された『蒲郡市誌』や『新編岡崎市史』では、宿場などの鉄道忌避があったとは断定的に書いていない。しかし、急勾配を避けたルート選定理由にも触れるが、やはり過去の通説があまりにも定説化しているせいか、大変歯切れの悪い、かつ誤解を招きやすい記述になっていることは否めない。

岡崎駅の立地

岡崎の鉄道忌避伝説を考えるとき、岡崎駅の位置決定のプロセスを証明する基本史料はこれまでのところ発見されていない。しかし、東海道線の決定ルートを鉄道建設に当った当時の土木技術者の立場で考えてみると、どのようになるであろうか。

東海道線の建設に当って、豊橋以西の区間では、旧東海道に並行するルートが選ばれなかったのは、豊川流域と矢作川流域との間の分水嶺を越えるルートの急勾配区間を避けたからであることは疑いない。かなりの距離にわたって一六～一七‰の勾配が続くルートが望ましくないことはいうまでもないからである。だからこそ土木技術者たちは東海道沿いとは違うルートを探していたのであり、その結果、蒲郡を経て幸田付近に至る海岸沿いのルートによって最急一〇‰という緩やかな勾配で分水嶺を越えられることがわかった。当時はまだ全国的な地図（後年の地形図）の整備がなされておらず、土木技術者たちはみずからさまざまのルートを踏査《とうさ》しなければならなかった。このようなときに長島藤六郎の寄せた情報は有益だったに違いない。

しかし、鉄道局では、東海道沿いの要地である岡崎には鉄道を通過させる意志があったと思われる。現在の東海道線は、豊橋・蒲郡からは海岸沿いに西進し、三ヶ根《さんね》山東方の鞍部《あんぶ》を一〇‰勾配で越えたのち、幸田付近で方向を転じて、ほぼ直線コースで北微西の方向にある岡崎を目指している。このまま直進を続ければ岡崎市街に突き当たるはずである。しかし、市街の南方約四キロの地点に岡崎駅を設け、同駅北方の踏切を過ぎた後、緩やかに左にカーブして西北西に向かい、岡崎市街から離れる方向に転じて矢作《やはぎ》川を渡る。そして、矢作川橋梁付近からは直線に近いコースを維持して大府駅付近に達しているのである。

なぜ、もっと岡崎市街に近い位置に岡崎駅を設けなかったのであろうか。地形的な障害は市街南縁に接して流れる大平川までは水田が続くのであるから、鉄道建設は容易であったはずである。

この疑問は、一八九〇年（明治二三）測図の五万分の一地形図を基礎して描いた略図（次ページ図5）を見ると、可能性の高い推定をすることができる。そのヒントは矢作川橋梁の位置である。同橋梁は矢作川と大平川の合流点のすぐ下流に架橋されている。この位置に架橋するならば、橋梁は一ヵ所ですむ。より岡崎市街に近づこうとするならば、大平川と矢作川の両河川に架橋せねばならず、工費の増大をきたす。そして現橋梁の位置で矢作川を渡ろうとすれば、現在見るような線形のルートが最も妥当であり、そのためにカーブ区間に入る直前に駅の位置が決められることになる。しかもその位置は、岡崎から吉良

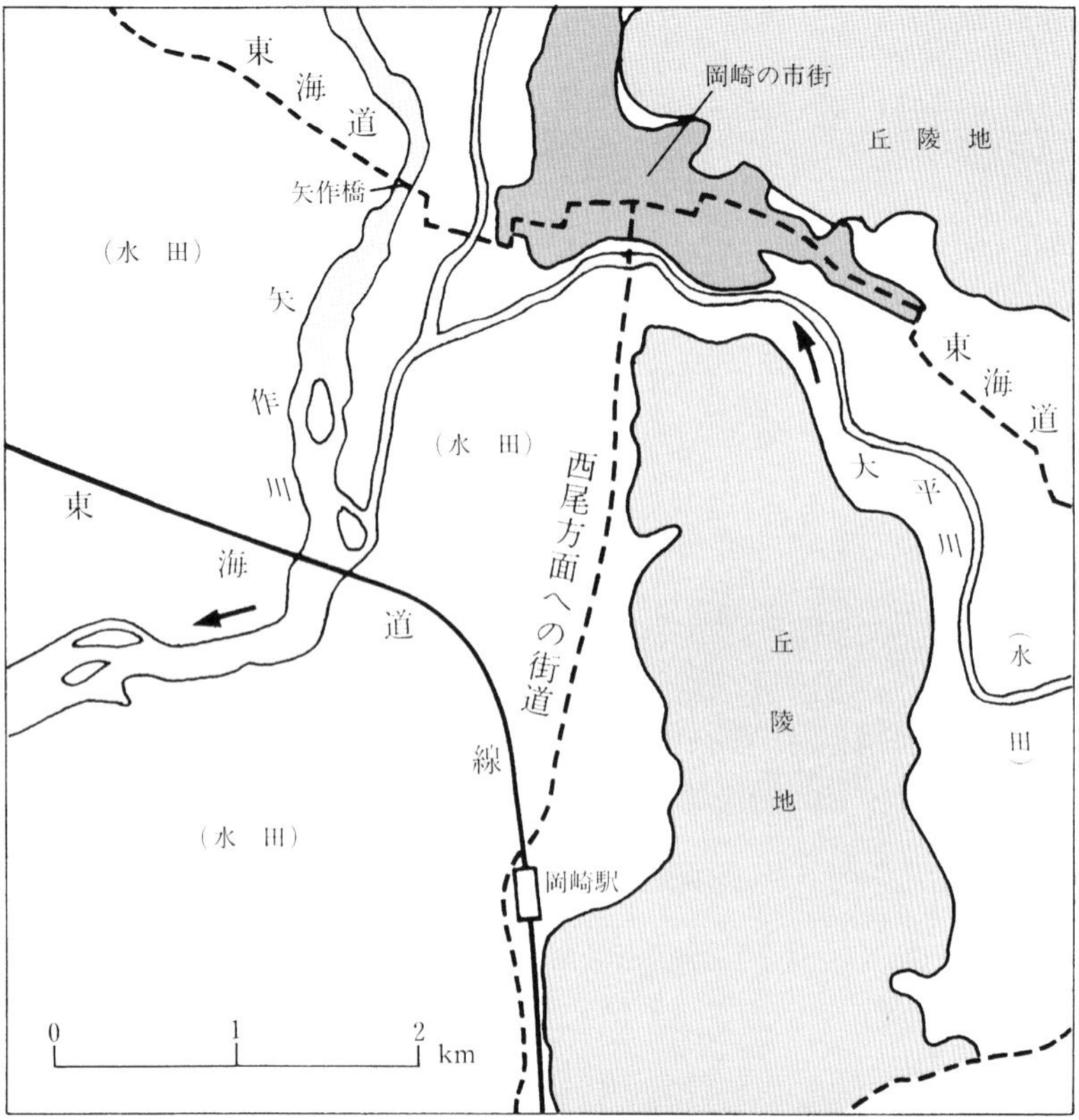

図５　東海道線岡崎駅と岡崎市街の関係
(明治23年測図５万分の１地形図をもとに作成)

や西尾に通じる街道との交差位置でもあった。このように岡崎駅の位置は、矢作川橋梁の位置決定から必然的に導き出された結論であったと推定できる。すなわち、岡崎駅の位置決定はまったく鉄道建設工事上の都合でなされたものと考えてよいのである。これは鉄道のルート決定ができるだけ緩やかな勾配を選択したのと同じように、工事の難易や工費、開業後の輸送効率を考慮した結果なのである。

　岡崎や他の東海道筋の村々の住民が、東海道線の建設に関していかなる態度をとったのかは、史料が無いのでわからない。しかし、鉄道局側は、鉄道通過予定地の住民の意思よりも、まず建設工事上の利点、開業後の有利な輸送効率を最優先の条件としてルートの決定を行なったとするのが最も妥当な見方であろう。このことは明治時代だけではなく、現代でも基本的に同じであり、建設工事上の難易と開業後の線形、勾配の条件を最優先した事例は、当時の、あるいはその後の時代の鉄道建設にいくらでも見ることができる。

　また、市街地から二〜三キロ離れた地点に駅を設置した事例も数多い。これを住民の鉄道忌避にすぐ結び付けてしまうのは、交通機関の便利さに慣れて長距離を歩くことをしなくなった後世の人々の感覚でものを考えるようになったからであろうか。

東海道筋宿場町の鉄道忌避伝説

いったん東西両京連絡のルートとして決定された中仙道案は、地形険《けん》阻《そ》の理由で一八八六年（明治一九）七月に東海道ルートに変更となった。東海道線の建設の本格化である。建設はすでに開業していた横浜、あるいは輸入機材の陸揚港《りくあげこう》であった武豊《たけとよ》―名古屋間の中間に位置する大府から東西呼応して進められた。横浜―名古屋間について見ると、次のように開業している。

一八八六年三月一日　名古屋―武豊
一八八七年七月一一日　横浜―国府津《こうづ》
一八八八年九月一日　大府―浜松
一八八九年二月一日　国府津―静岡
　　　　四月一六日　静岡―浜松（これによって琵琶湖の湖上連絡区間〈大津―長浜間〉を除いて東海道線は開通）

東海道線の建設については、多くの宿場町による鉄道忌避伝説が伝えられている。前節に紹介した岡崎の場合も有名であるが、この他に、三島、藤枝《ふじえだ》、見付《みつけ》などの鉄道忌避伝説がよく知られている。たとえば、第二次世界大戦前に刊行された広汎の全国的地誌『日本地理風俗大系』五・東海地方（新光社、一九二九年）では、藤枝宿について、

藤枝町は東海道線藤枝停車場から北へ半里も離れた所にある。不便な話であるが、

汽車のやうなやかましいものが傍を通つては町がさびれるといふ無考（へ）から、故意に反対運動した為であつたさうだ。故に藤枝駅は実は青島町内にある（二六〇ページ）。

という記述がある。

宿場町は鉄道を誘致した

このような言い伝え、伝聞をそのまま紹介するのではなく、同時代の史料に基づいて、初めて緻密な検証を試みたのは静岡県在住の地理学者大庭正八氏であった。

一九九四年（平成六）、大庭氏は「明治中期の静岡県における東海道鉄道建設とそれに対する地域社会の対応」（『地理学評論』六七巻A一二号、八三三〜八五七ページ）という論文を発表した。大庭氏は当時、静岡県で発行されていた、『静岡大務《たいむ》新聞』『函右《かんゆう》日報』『東海暁鐘《ぎょうしょう》新報』『絵入東海新聞』などを丹念に検索して、東海道線建設に関わる記事を拾い出し、沿線各地の鉄道に対する動向を追ったのである。以下、この大庭論文によって、東海道筋宿場町の動向を概説してみることとする。

『静岡大務新聞』は、一八八六年（明治一九）八月一一日に「東海道鉄道となりて喜憂交々《こもごも》至る」、同年一〇月六日に「東海道の死期近きにあり」、一八八七年一月六日に「鉄道に驚く人鉄道に憂ふる人鉄道を喜ぶ人」と題する社説を掲載した。最後に挙げた一八八七

表1　静岡県内における東海道鉄道の線路誘致運動

年月日	誘致者	宛先	運動の内容	資料の出典
1883年	静岡県会議員	政　府	中山道鉄道決定前後上京して鉄道を静岡県へ誘致	『静岡県議会史』I（1953年、1207ページ）
1884年3月29日	鈴木海野両議員	県　会	静岡県議会で鉄道誘致論を展開	『静岡県議会史』I（1953年、1207ページ）
1885年2月	三島宿民	原口技師	同技師箱根山調査の際箱根山—三島宿経由を誘致	『日本国有鉄道百年史』2（1970年、253ページ）
1886年7月28日	宿駅筋有志	県知事	掛川宿で鉄道誘致につき陳情を協議	1886年7月28日付『大務』「鉄道敷設の義につき請願」
8月1日	同　上	同　上	掛川宿で鉄道誘致につき協議、第2回	1886年8月4日付『大務』「東海道鉄道線路」
8月	田方君沢郡書記	同　上	箱根山中巣雲山沿いに線路を発見したことを上申	1886年8月20日付『大務』「鉄道線路の意見」
8月15日	海岸筋有志		池新田で鉄道誘致につき大集会	1887年4月12日付『大務』「鉄道線路由来（前々号の続き）」
8月23日	同　上	同　上	鉄道誘致につき、一書を知事に奉呈	1886年8月27日付『大務』「上申書」
8月	同　上	松本・南両技師	鉄道誘致につき意見陳述	1887年4月12日付『大務』「鉄道線路由来（前々号の続き）」
8月26日	宿駅筋有志	県知事	袋井の田代・掛川の鈴木、誘致上申書を知事に奉呈	1886年8月27日付『大務』「上申書」
8月29日	同　上	鉄道局長官	井上局官に沿道地図を上呈のため、静岡に滞在中	1886年8月29日付『大務』「実測の成績を局長に差出す」
8月31日	三島宿近傍有志	其の筋	三島宿通過の2線を測量し、其の筋へ上申	1886年8月31日付『大務』「箱根山の隧道」
9月上旬	地頭方鈴木数平	県知事	海岸筋鉄道線路につき、県庁へ上申	1886年9月21日付『大務』「榛原郡地頭方村の近況」
10月上旬	豊田郡賀茂西村	鉄道局	鈴木浦八ほか、意見上申のため上京	1886年10月7日付『大務』「鉄道線路に付上京」
10月上旬	掛川鈴木ほか	県知事	鉄道線路に付き静岡に滞在中	1886年10月7日付『大務』「鉄道線路に付上京」
10月上旬	横須賀大竹ほか	同　上	鉄道線路に付き静岡に滞在中	1886年10月7日付『大務』「鉄道線路に付上京」
10月	伊豆地方有志	同　上	線路を熱海地方へ誘致	1886年10月10日付『大務』「鉄道線路」
1887年1月17日	宿駅筋有志	鉄道局長官	来県中の鉄道局長官に、上申書を奉呈	1887年4月17日付『大務』「鉄道線路由来（前々号の続き）」
1月18日	同　上	同　上	井上長官を金谷・掛川まで追い掛け、面謁を乞う	1887年4月17日付『大務』「鉄道線路由来（前々号の続き）」
2月	相良町有志		大江—比木—池新田—掛川間を測量に掛かる	1887年2月13日付『大務』「相良掛川線路」

注　『大務』は『静岡大務新聞』の略称．大庭正八論文（1994）より一部改変のうえ引用．

表2　静岡県内における東海道鉄道建設時の停車場誘致運動

年月日	誘致者	運動の内容	資料の出典
1886年8月	清　水	停車場を清水へ誘致	『清水市史』2（1981年、53ページ）
10月3日	熱　海	熱海村相原へ停車場誘致	1886年10月3日付『大務』「熱海近況」
10月	興　津	停車場設置を請願中	1886年10月19日付『大務』「興津宿近況」
10月末	池　田	停車場趣意書を提出	1886年10月30日付『大務』「停車場趣意書」
秋	三　島	下土狩に停車場を誘致	『三島市誌』下（1959年、186ページ）
12月18日	袋　井	停車場誘致敷地献納願	1886年12月21日付『大務』「停車場敷地献納願」
12月29日	吉　原	近傍に停車場設置を請願	1886年12月29日付『大務』「鉄道彙報」
1887年1月	新　居	停車場設置願提出	『新居町史』9（1984年、228ページ）
3月19日	浜　松	後道町より肴町へ変更願	1886年3月19日付『大務』「浜松の停車場」
4月13日	川　井	川井へ停車場設置を情願	袋井市木野覚雄氏文書、「停車場御建設情願書」
4月	島　田	ステーション誘致を建議	1887年4月16日付『大務』「金谷停車場設置願」
4月15日	金　谷	停車場設置願を差出す	1887年4月16日付『大務』「金谷停車場設置願」
4月	各　宿	藤枝見付間各宿が設置願	1887年5月1日付『大務』「ステーションは何処だよ」
7月	竹　原	土狩または竹原へ誘致	1887年7月9日付『大務』「停車場設置願」
7月	平　松	平松新田予定そのままに	1887年7月14日付『大務』「停車場設置願の後報」
7月19日	中　泉	停車場設置願上呈	1887年7月19日付『大務』「停車場設置願」
7月20日	加島郷	停車場設置請願相談中	1887年7月20日付『大務』「停車場設置願」
9月	前　島	青地雄太郎が前島に誘致	曽根（1987年、325ページ）
9月24日	御殿場	線路変更と停車場誘致	『御殿場市史』5（1977年、643ページ．1981年、773-774ページ）
10月	新　居	第2回停車場設置願上程	『新居町史』2（1990年、168ページ）
1888年1月	堀之内	堀之内村へ停車場誘致	菊川町山内貞夫氏文書(1888年)
3月13日	潮海寺	堀之内より潮海寺へ変更	1888年3月13日付『大務』「潮海寺人民激動」
3月	新池・川井	高尾を新池へ変更請願	袋井市木野覚雄氏文書(1888年)「東海道鉄道停車場御設置願」
4月	新　居	第3回停車場設置願上程	『新居町史』9（1984年、237ページ）「停車場御設置之儀追願書」
6月7日	天竜沿い	森本村へ停車場設置願	1888年6月7日付『大務』「停車場設置の請願」
12月	同　上	森本村へ停車場設置願	1888年12月14日付『大務』「森本停車場」
期日不明	岩　渕	蒲原宿と誘致争い	『富士川町史』（1962年、767ページ）
同　上	浜　松	停車場を現位置へ誘致	『浜松市史全』（1926年、717ページ）
同　上	中　泉	停車場誘致(用地は提供)	『磐田市史』下（1956年、740ページ）
同　上	蒲　原	岩渕と誘致争い	『蒲原町史』（1968年、857-858ページ）

注　『大務』は『静岡大務新聞』の略称．大庭正八論文（1994）より一部改変のうえ引用．

年社説の内容は次のようなものであった。

今後東海道に鉄道を敷設するに至らバ、両京間を往復するの人間物貨は益《ますま》す減少して駅伝の業務愈よ《いよい》衰微するが故に、各宿駅ハ又益す疲弊せざるを得ざるなり。而《しか》して元来駅伝業務に従事せるものハ如何《いか》なるものかと云《いわ》んに、陸運問屋・旅人宿・郷宿・木賃《きちん》宿・人力車・荷車・荷牛車・人足等の諸営業なるべし

確かに宿場関係の仕事に携わっていた者は不安に思ったであろう。

また、一八八六年一〇月五日の『東海暁鐘新報』には「影響」と題して、浜名湖《はまなこ》漁民の心配を報じている。

愈々《いよいよ》過日の紙上に記載せし通り線路決定せば、浜名湖が鉄橋となり、日々汽車の往復数回に致らば漁魚減少すべく、漁夫社会の業務において大なる影響あるべしと窃《ひそ》かに語る者ありと聞きしが、斯《かか》ること有るものにや

同時に鉄道工事による農地の用排水や農道への障害、工事排土の捨て場、湖底の土砂採取(湖底は捕魚採藻の場であった)など、日々の生産活動や生活にかかわる影響改善についての請願がたくさん登場する。また、堤防の撤去、用地買収の拒否などのあったことを述べている。

しかし、大庭論文で注目されるのは、鉄道のルートや駅の誘致運動の盛んなことである。

「静岡県内における東海道鉄道建設時の停車場誘致運動」と題する六五ページの表2には、一八八六年から八八年にかけて全部で三〇件の誘致運動の記録が整理されている。ここには、三島、岩淵、興津《おきつ》、蒲原《かんばら》、清水、島田、金谷《かなや》、堀之内、掛川《かけがわ》、中泉《なかいずみ》、袋井《ふくろい》、浜松、新居《あらい》など、東海道筋の著名な町々が名前を連ねている。鉄道のルートから結果的に外れた吉原、池新田、相良《さがら》、横須賀《よこすか》などの町名も見える。宿場町の多くは決して鉄道を忌避したのではなく、むしろ積極的に鉄道を誘致したのが実態だったことが明らかになる。そして地形を見ながら、鉄道が最終的に選択したルートを比較線とともに検討して、決定の要因が考察されるのである。

緻密《ちみつ》な調査で鉄道忌避伝説を考証、批判した大庭論文は、現代の地方史、歴史地理学の世界で鉄道忌避伝説がきちんとした方法論で考察されるようになった一つの事例なのである。

森信勝『静岡県鉄道興亡史』（静岡新聞社、一九九七年）でも東海道線の建設については、「路線と停車場の誘致運動」という小節があって、これまでの忌避の言い伝えに反して、積極的な誘致運動が繰り広げられたと述べる。

東海道鉄道敷設が発令されると、地域的な誘致運動が活発となった。静岡大務新聞社の山田一郎・近藤壮吉らの記者は、明治十九年五月から同年十月にかけ、藤枝・袋井・静岡・吉原・興津・静波《しずなみ》・池新田・金谷・島田・横須賀などへ、文明の利器・鉄道の必要性を精力的に説き回っている。これらの会場では、いずれも盛大な集会がもたれ、県当局などへ、積極的な誘致合戦を展開している。また新聞紙上には、新聞社の論説や一般からの投書が掲載され、鉄道誘致が盛んに議論されるようになった。

同年八月、藤枝・見付間有志が鉄道を宿場筋に誘致するため、関口隆吉静岡県知事に奉呈した「東海道鉄道ニ付上申」には、九郡一三〇ヵ宿町村七四八人の署名と、進達者二一ヵ戸長の氏名が連記されている。また、その中には反対運動があったと伝えられる藤枝宿三二人、日坂宿二七人、見付宿二〇人の署名が見られる（二六ページ）。

このように、従来まことしやかに伝えられてきた東海道線建設時の鉄道忌避伝説は本格的な研究の進展とともに、次第に否定されるようになったといえる。

甲武鉄道と多摩の町村

直線ルートの甲武鉄道の開業

現在のＪＲ中央線は新宿駅を発車すると大きく左にカーブして、大久保駅を過ぎ、東中野駅あたりからほとんど東西方向に伸びる直線区間に入って、立川駅まで約二五キロにわたってまっすぐな線路が続く。現在も地図上では直線に表現されており、開業時には文字通りの直線のレールであったが、その後の駅の増設、複複線化、高架化などによって駅付近では若干の曲線区間が生じている。

中央線が通過している武蔵野台地上は、明治時代には畑作と林野を中心とする農村であった。線路は東中野—国分寺間では武蔵野台地の中でも一番標高の高い武蔵野段丘上を走っていて、高燥《こうそう》な地域であるために水田が少なく、江戸時代中期以降に開拓された新田集落が多い。これに対して、人口が多く、経済的にも繁栄していたのは一段下方の立川段丘上にあり、もう少し南方の甲州街道沿いの地域で、多くの宿場町が沿道に分布していた。その多くは中世にはすでに開拓された農村集落で、豊かな水田地域が広がっていた。

東京付近の中央線は一八八九年（明治二二）に甲武鉄道という私鉄として建設され、開業したものであるが、なぜ人口の多い甲州街道沿いに路線を選定せずに、人口の希薄な台地上に敷設されたのかという理由として、甲州街道沿いの宿場町が鉄道を忌避したのであるという説が広く信じられている。

甲武鉄道は、社名の示すとおり、武蔵国《むさしのくに》と甲斐国《かいのくに》を結ぶ鉄道として計画されたが、結局甲斐国には路線が伸びず、東京都心のターミナル駅である飯田町と武蔵野台地の西端で関東山地に接する八王子を結ぶに止まった。

甲武鉄道開業の経緯

甲武鉄道の建設に関する最も古い文献は、会社みずからが一八九一年（明治二四）一月に印刷した『甲武鉄道工事要略』であるが、これは一八八八年に開業した新宿―八王子間の建設工事についての技術的概要を述べたものである。しかし、路線選定のいきさつにはまったく触れていない。鉄道局技師として直接に建設工事を担当した野村龍太郎の論文「甲武鉄道」（『工学雑誌』一一〇号、一八九一年二月）についても同様である。このように甲武鉄道の路線選定について記述した史料・文献は少ない。

これらに対して、菅原恒覧《すがわらつねみ》（一八五六〜一九四〇）の執筆した『甲武鉄道市街線紀要』（甲武鉄道、一八九六年）は少し後年の刊行であるが、会社の成立と路線計画のいきさつにやや詳しく触れている。

菅原恒覧は、明治期の鉄道建設史上ではかなり知られている人物で、一八八六年、帝国大学工科大学土木科を卒業ののち、ただちに鉄道局に入り、日本鉄道や甲武鉄道の建設を担当した。甲武鉄道での担当は一八九〇年に始まり、建設課長として、新宿から千駄ヶ谷、信濃町を経て四谷、飯田町に至る市街線の調査、測量、建設に従事した。その後、鉄道局を退官して、豆相鉄道、博多湾鉄道の主任技師などを勤めたが、一九〇二年にみずから土木請負会社の菅原工務所、一九〇七年には鉄道工業合資会社（後に株式会社）を創立して、全国の鉄道建設工事を手掛けた。一九二一年（大正一〇）土木業協会会長、一九三七年（昭和一二）土木工業協会理事長に就任している（日本交通協会編『鉄道先人録』、日本停車場出版事業部、一九七二年、一九一〜一九二ページ）。

甲武鉄道市街線とは、同鉄道がそのターミナル駅をより都心部に近づけるために、新宿駅から新宿御苑南縁や皇居外堀を利用して、飯田町駅に延長した線路であり、一八九四〜九五年に開業した。まさに菅原の指導によって完成した路線であった。だからこの本は市

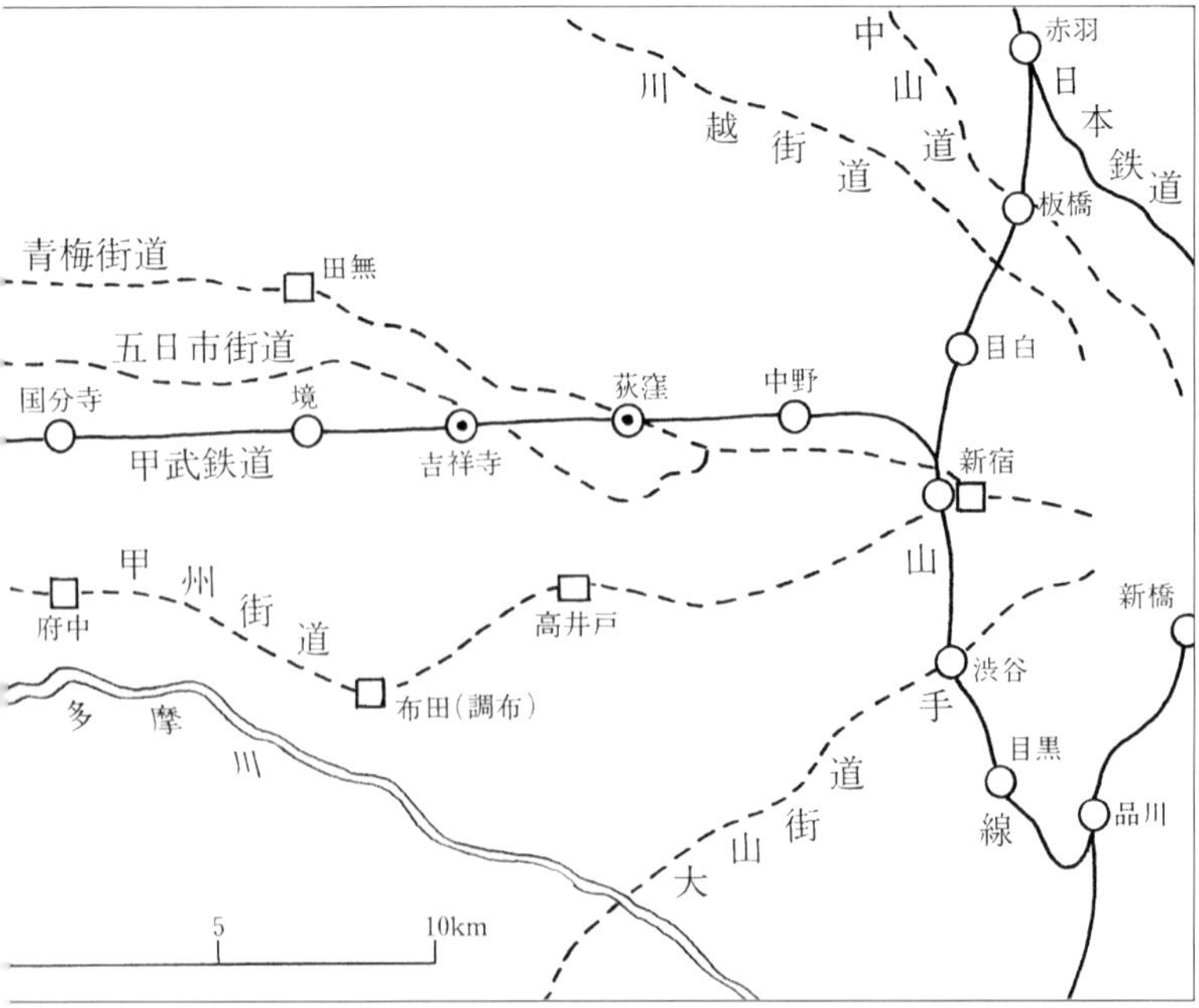

図6　甲武鉄道開業時の新宿—八王子間のルートと主要街道

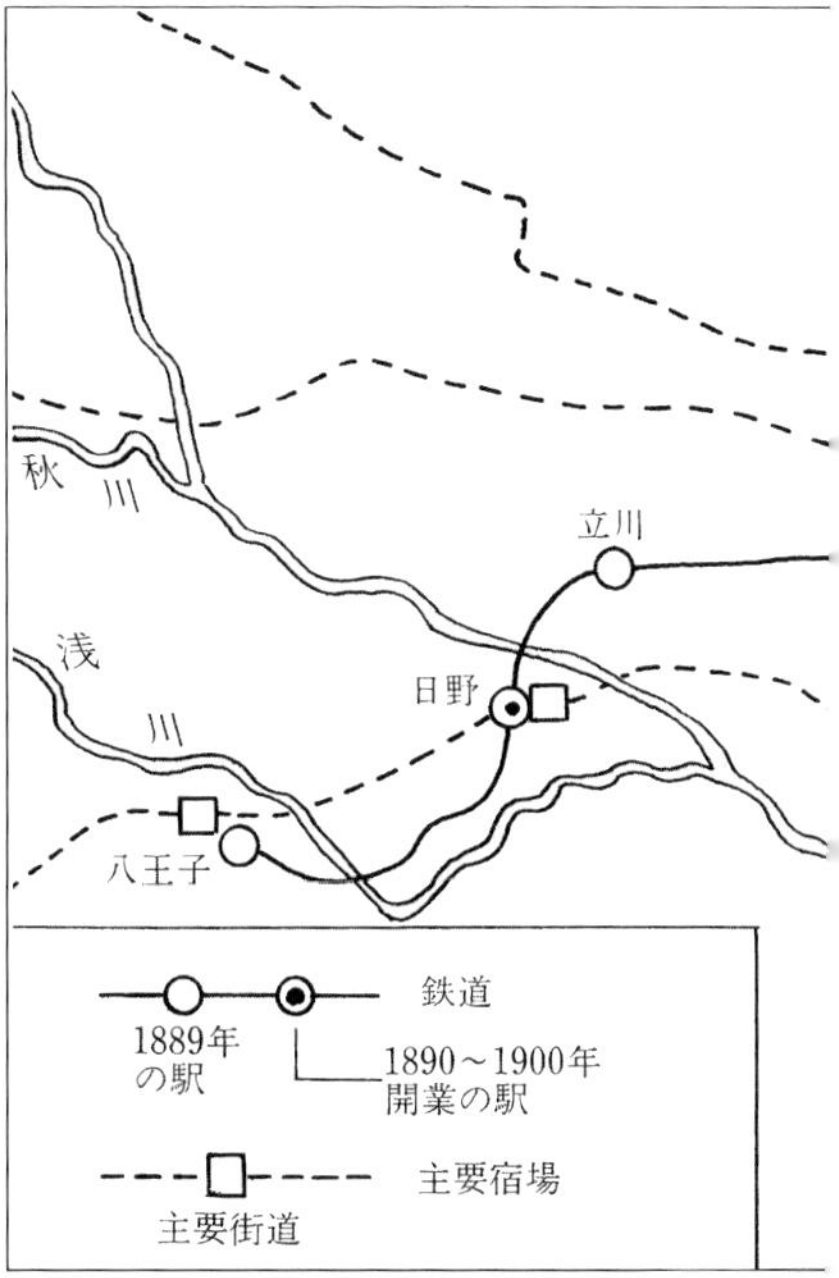

街線の計画、路線、測量、建設などの事項について書かれた技術的な記録であり、一八八九年に開業した新宿―八王子間についての建設記録ではないし、菅原自身が新宿―八王子間の建設工事には直接に関わったことはない。

しかし、この本の冒頭に「新八線沿革」（新宿―八王子間鉄道の沿革の意）という章が置かれていて、甲武鉄道の創業から建設に至る経過が記述されているのである。創業時の甲武鉄道に関する記録は同書のこの章以外にはなく、後年編集された『日本鉄道史』や『日本国有鉄道百年史』も初期の甲武鉄道についてはすべて「新八線沿革」を底本として書かれている。その記録を要約すると、次のようになる。

一八八三年頃、内藤新宿から羽村《はむら》までの玉川上水の築堤上に馬車鉄道を敷設しようと計画する者があり、東京府に請願したが許可されなかった。続いて、東京―羽村―青梅《おうめ》間の馬車鉄道が企画され、さらに八王子への路線も計画された。それは新宿を起点として、和田、堀の内を通り、福生《ふっさ》を経て羽村に至る路線を第一期工事とし（玉川上水に沿って走る）、砂川で分岐して拝島《はいじま》、八王子に至る路線を第二期工事として、将来は甲府まで延長しようというものであった。資本金は三〇万円である。この鉄道を甲武馬車鉄道と称し、一八八四年四月二二日、敷設の許可を請願した。しかし、翌年五月二二日、前願を撤回し、新宿から福島村（現在の昭島《あきしま》市福島町）を経て八王子に至るルートに改め、漸次甲府および青梅に路線を延長するはずであった。『日本鉄道史』ではこの路線の経由地が上保谷新田となっているが（上篇、七九七～八〇四ページ）、いずれにしても青梅街道沿いのルートになると思われる。この時点で資本金は三五万円に増額され、一八八六年一一月一〇日、通過地ごとに東京府、神奈川県、埼玉県の各知事より許可が下された。

同年一二月一四日、発起人たちは鉄道の動力を蒸気に変えることを出願し、八王子―新宿間を共願する武甲鉄道を説得して願書を撤回させ、八王子―川崎間の武蔵鉄道と競い合うなどの事件はあったが、結局、甲武鉄道の蒸気鉄道への変更の出願は、一八八八年三月三一日付けで許可され、資本金はこのために六〇万円、さらに九〇万円に増額された。建設は鉄道局に委託されて、同年六月着工、翌年四月一一日に新宿―立川間を、八月一一日に立川―八王子間を開業したのであった。

このように鉄道側の記録では、甲州街道沿いの路線計画の存在にはまったく触れていない。馬車鉄道の計画時代に玉川上水（五日市《いつかいち》街道）沿い、次いで青梅街道沿いと思われるルートが記されているだけである。蒸気鉄道に計画を変更してからの測量、建設の実務は一切が鉄道局に委ねられたことが書かれているだけで、延長約二五キロに及ぶ現在の中央線の一直線のルートがどのような経過で採択されたのかは結局わからないのである。

甲武鉄道の計画には、羽村の指田茂十郎、福生の田村半十郎などの地主層が早くから関係しており、彼らの居住地がルートの選定に大きな影響を及ぼしている。初期の馬車鉄道の計画では、八王子よりも羽村や青梅へのルートが重視されていたが、ある時点からは八王子へのルートが優先されるようになって、青梅方面への建設は後回しにされてしまう。

それにしても、大体、甲州街道沿いの計画が記録にはまったく出てこないのも不思議である。計画そのものがなかったのならば、反対運動は起こりようがない。

甲武鉄道の発起人の一人である岩田作兵衛は、後年の一九〇六年五月に鉄道の業界新聞であった『鉄道時報』（鉄道時報局刊）のインタビューを受けて、「何分にも古いことぢやでナ、大分忘れて了《しま》ふては居るし」という出だしで応じているが、一八八四年に行なった実地測量時の思い出話をしている。その中には、とくに地元から反対されたという話は出てこない。時期から見れば、これはもちろん馬車鉄道計画を進めていた時期である（鉄道時報局編・刊『拾年紀念日本の鉄道論』、一九〇六年、六一～六六ページに再録）。

比較的早い時期に甲武鉄道について詳しい論考を発表した関島久雄氏は、府中などの反対運動があったらしいとしながらも、現在の武蔵野市域では鉄道に対して、駅の設置などに地元が積極的な姿勢を示したことを、地元の史料によって明らかにしている（関島久雄「甲武鉄道二三の疑問点を解く」『成蹊大学政治経済論叢』一〇巻二号、一九六〇年、一～一一ページ、「甲武鉄道—東京地域の地方公益企業としての研究—（一）～（四）」『成蹊大学政治経済論叢』一一巻二号〈一九六一年、五三～八四ページ〉、一二巻一号〈一九六二年、二二～四九ページ〉、一二巻四号〈一九六二年年、一～三二ページ〉、一三巻二号〈一九六三年、一四三～一六五ページ〉）。

しかし、関島論文によっても甲武鉄道の路線ルート決定の経緯はよくわからないのである。

また、現在の中央線が東中野駅あたりから立川駅まで、武蔵野台地上を一直線に走っていることについては、台地上でも住民の反対に遭って、困惑した担当の技師が地図上に定規を当てて決めたという話もまことしやかに伝えられている。しかし、これは鉄道建設の常識から考えておかしい。本書四三〜五〇ページでも述べたように、鉄道技術者にとって、一直線の線路は願ってもない理想のルートであるといってよい。普通は地形上の障害や既存の集落があってどうしても一直線には引けないので、やむなく曲線区間ができるのである。台地上に一直線に、それも二五キロという長い距離にわたって引けたということは、鉄道側にとって最高に理想的な線形であり、地形的には何の障害もなかった。この直線区間で築堤を設けて小さい谷を横断する箇所は現在の荻窪《おぎくぼ》—西荻窪間の善福寺《ぜんぷくじ》川、国分寺《こくぶんじ》—西国分寺間の野川だけである。

馬車鉄道への反対運動

長谷川孝彦氏はその論文の中で、現在、東京都公文書館に所蔵されている興味ある文書を紹介している。それは一八八五年（明治一八）八月、当時の東多摩郡、南豊島郡に属した、角筈《つのはず》、柏木、幡《はた》ヶ谷《がや》、中野、本郷、雑色《ぞうしき》、和田、永福寺《えいふくじ》、和泉《いずみ》の各村の連名で東京府知事に提出された「鉄道馬車開設之儀ニ付願」という次のような文書である。

（前略）実地御取調相成候馬車道布設相成候テハ、線路近傍ノ地ニ於テ各耕作場ヲ横断セラレ、農事培養運搬ノ不便ハ勿論、馬車往復ノ為メ、自然田畑作モノ露ヲ払ヒ、幾分カ禾穀《かこく》ノ成熟ヲ妨ケ候歟《か》ト憂慮致居候。且《かつ》右ニ付民有地買上ケ等ノ儀ハ尤《もっとも》難儀《なんぎ》仕《つかまつり》、又馬車道新設相成候様成行候ハハ、甲州青梅両街道附村々ニ於テ商業ヲ失ヒ、随テ両街道ノ衰微ヲ来シ候歟ト一同深ク苦心仕、馬車鉄道開設候テハ一同難渋仕、此段奉懇願候也（句読点著者）。

現代風に書き直すと、「先日調査された馬車鉄道の件ですが、田畑を分断するので農業には不便であり、馬車鉄道の通過で作物成熟の妨げにもなるかもしれません。民有地買収も難しいでしょう。それに甲州街道や青梅街道筋の商店も衰えて街道筋全体の衰微《すいび》を来たす虞《おそれ》もありますので、住民一同は困っております。馬車鉄道にはなにとぞよろしく（許可を与えないように）お願いいたします」というところであろうか。馬車鉄道建設と沿線産業との因果関係があいまいというか、きわめて空疎な表現であり、理路整然とはいいかねる文書であるが、明治一八年という日付からみても、文中に反対の対象が馬車鉄道である旨を明言しているので、甲武鉄道がまだ馬車鉄道として計画されていた時期のものである。

中村建治氏はその著作『中央線誕生—甲武鉄道の開業に賭けた挑戦者たち—』（本の風景社刊、東京文献センター発売、二〇〇三年）の中でも、この文書の存在に触れて、鉄道忌避の一つの例としている。

馬車鉄道に対する反対については後でも触れるが、狭い街道上（明治期の街道は幹線道路でもせいぜい幅三間〈約五・五㍍〉が普通だった）を馬がかなり速い速度で走るので沿道の住民に危険視され、かつ馬が糞尿《ふんにょう》を垂れ流すためか、その建設は後年でも村方では反対が多く見られた。

経由する村の名称を見ると、これは明らかに青梅街道から分岐して五日市街道に入るルートである。長谷川氏は、だから甲武鉄道のルートは五日市街道沿いから武蔵野台地上を一直線に走ることになったと断定するのだが、それはいかがなものであろうか。馬車鉄道は道路上を走るものであり、蒸気鉄道とは建設ルート選択の基準は大きく異なるからである。私は、この反対の文書はあくまで馬車鉄道に対するものであって、蒸気鉄道に計画を変更した後の甲武鉄道とは関係のない文書であると思う。

甲武鉄道の計画が馬車鉄道から蒸気鉄道に変わったとき、その建設は鉄道局に委ねられた。馬車鉄道時代の計画はいったんご破算になって、鉄道局はまったく新たにルートを考えたに違いない。そのときに理想的なルートとして、武蔵野台地上の一直線のコースが考えられ、これが最終的に採択されたのであろうと私は推定している。甲州街道筋の宿場町で反対されたから仕方なく台地上を走るようになったのではない。

また、甲武鉄道の最終的な目的地は甲府であって、府中や調布程度の町は、建設ルートに入ろうが、脱落しようが、土木技術者の立場では問題にならないのである。

これに対して、『立川市史』(一九六九年)では立川村や砂川《すながわ》村では地主たちが鉄道誘致に積極的であったと記す(これについての文書史料の提示はない)。しかし、この地域で鉄道誘致があったから甲武鉄道が武蔵野台地の上に建設されたのではない。

『立川市史』の記述

しかし、『立川市史』では、地元の基本史料を用いて、比較的有利な条件で土地の買収が行なわれて住民がこれに応じたことを実証している。ただ駅や機関車への給水についていち早く用水の提供を申し出た北側の砂川村が有利な位置に立ち、立川駅と名乗りながら駅舎は北側に建設されて立川村に向かう南口は設けられなかった。また、後述するように、立川の西側に架かる多摩川橋梁については、築堤の位置について洪水時の障害を恐れる住民より異議が出されたことが記述されている。鉄道橋梁の位置についてはこれまた全国的に住民による多くの異議が出されている事実が見られる。

このように『立川市史』は文書史料によって鉄道の建設を客観的に記述していて、鉄道の歴史をまじめな調査によって明らかにしようとした注目すべき地方史誌といえる。しかし、このような地方史誌類は、当時はまだまだ少数派であった。

府中宿比留間家の日記

府中市は、多くの史料集を刊行しているが、『武蔵府中叢書』三（府中市企画調整部企画課編、一九七五年）に『府中新宿比留間《ひるま》七重郎日記』が収録されている。比留間家は府中宿の名主、長《おさ》百姓の家柄で、七重郎（一八二一～八八）も幕末期の宿政に携わったが、一八七三年（明治六）に引退し、宿の公的な任務は長男の雄亮に任せて、隠居《いんきょ》の身分となった。晩年は病身で外出もほとんどしておらず、自身の体調と家族の動向が記述の中心となっている。日記は一八七一年から八八年末までであるが、ここには甲武鉄道の建設についてはは何も記していない。府中宿にとっては大事件になるはずの鉄道反対運動について、日記は何も述べていないのである（だから鉄道忌避はなかったと結論はできないが）。

『府中市郷土資料集』八（府中市立郷土館、一九八五年）には『比留間雄亮日記』（一八八九年六月二日～九〇年四月二八日）と『比留間雄亮公務摘要』（一八九二年一月一九日～五月一五日）が収録されている。七重郎の長男である雄亮（一八四八～一九〇〇）は父の引退後、府中宿の公務に携わり、北多摩郡役所書記（一八七九年二月～八八年三月）、府中初代町長（一八八九年五月～九一年五月）などを務めた。もし彼の日記が一八八七年前後の時期をカバーしていれば、必ず甲武鉄道建設の問題に触れるであろうが、残念ながら甲武鉄道建設の時期にわずかに遅れる時期のみの収録であるために、ここにも鉄道の話は出てこない。

このように、現在までに甲武鉄道のルート決定の経緯を記した文献は見つかっていない。これまでに甲武鉄道の路線選定について、最も総合的な考察を試みたのは佐藤美知男氏である。『多摩―鉄道とまちづくりのあゆみ』一（多摩の交通形成史研究会編、東京市町村自治調査会、一九九五年）で同氏が執筆分担した第一章「近代交通の形成」第2節「直線鉄道形成の事情」においては、甲州街道筋の鉄道忌避の伝承を疑問史し、鉄道のルートに直線が望ましいのは当然であるとし、馬車鉄道反対の動きが誇大化された可能性にも言及している。私はこれまで縷々《るる》述べたように、甲州街道沿道の宿場町が甲武鉄道を忌避した事実はないと思う。蒸気鉄道への計画変更とともに、武蔵野台地上を一直線に通すという理想的な案が鉄道局の土木技術者によって提案され、調査の結果、これが可能であることがわかって決定されたものであろうと推定する。

日本鉄道土浦線と流山

鉄道と水運の競争

江戸時代の日本は、商品の流通が広く全国的に行なわれた時代であった。北陸や越後、羽前《うぜん》、羽後《うご》の米どころからは江戸や大坂に大量の米が運ばれたし、北海道の鰊粕《にしんかす》は遠く瀬戸内海沿岸のイグサや藍、菜種などの商品作物栽培地域の必需となる肥料であった。建築用材となる木材と石材、石灰、あるいは酒や醬油などの醸造品などなど、多くの各地の特産的な商品が日本中に流通した。このような広い範囲の商品流通、輸送を支えたのが水運であり、海岸に臨む港町、河川沿いの河岸町が商品流通の集散地として繁栄していた。船はこの時代における唯一の大量輸送のできる交通機関であって、沿岸海運、河川交通こそ輸送の担い手だったのである。

日本最大の河川である利根川とその支流、江戸湾への分流である江戸川は、江戸を中心とする商品流通の大動脈であって、沿岸には多くの河岸が繁栄していた。江戸川に臨む野《の》田《だ》や流山《ながれやま》は町自身が醬油や味醂《みりん》の著名な醸造地であって、江戸に製品を出荷するとともに、多くの問屋、船持ち、船乗りなどが集まる河岸町であった。

鉄道網が発達すると、多くの河川ではこれまで運ばれていた商品の水運から鉄道への転換が始まる。もっとも、巷間信じられているように、鉄道が開通すると、すぐに河川交通が衰えたのではなかった。河川を上下する河舟は数㌧から十数㌧は積載できたし、運賃は鉄道と比較してかなり安かったから、利根川のような大きな河川では大正期くらいまではかなりの輸送量を維持できたのであった。事実この地域に初めて鉄道を建設した日本鉄道は水運との競争に対処して、貨物運賃の引き下げをしばしば行なっている。しかし、スピードや安全、到達の確実性などの面で鉄道の優位性が次第に明らかとなって、河岸町がじわじわと衰退の方向に向かったのは当然であった。宿場町と同じように、新しい交通機関である鉄道に追われる立場となったこれらの河岸町にとって、鉄道によって町の繁栄が奪われたと意識されたのは当然であり、多くの町で鉄道忌避伝説が伝えられている。

土浦線と水運の町流山

江戸川の有力な河岸町であった流山では、日本鉄道土浦線、すなわち現在のＪＲ常磐線が建設されたときに、鉄道通過に反対したために、鉄道は少し下流の松戸を通ることになったという話が言い伝えられている。

日本鉄道は日本最初の私設鉄道であり、東京を起点として、北関東、東北地方に路線を伸ばす構想で、一八八一年（明治一四）に会社を創立した。一八八三年に上野―熊谷間を初めて開業し、まず高崎、前橋などに路線を伸ばしたが（現在のＪＲ高崎線）、一八八五年に大宮より分岐して宇都宮に至る区間を開業、その後逐次路線を延長して、一八八七年に仙台、一八九一年に青森までを開業した。現在のＪＲ東北線の前身である。ちなみに現在のＪＲ山手線も官設鉄道の東海道線との連絡線として日本鉄道が作った路線で、一八八五年に開業したものであった。

最初の北関東、東北地方縦貫線が主として奥州街道に沿って内陸部を通過したのに対して、一八九三年七月、日本鉄道では株主総会に川口付近から分岐し、水戸を経て太平洋岸を北上して岩沼付近で既設線と合する新しい鉄道の建設案を提出して、これを決議した。当時は区間によって、土浦線、磐城線と称したが、現在の常磐線計画の始まりである。現在の常磐線建設について最も古い記録は、日本鉄道が一九〇六年一〇月の国有化後の精算事務の過程で編纂したと思われる『日本鉄道株式会社沿革史』である（以下、『沿革史』と略称。この本には発行年次を記した奥付がないが、星野誉夫「解題・『日本鉄道株式会社沿革史』―『明治期鉄道史資料』第二集に収録された同書の解題―による）。その後編纂された『日本鉄道史』（一九二〇年）や『日本国有鉄道百年史』（一九六九～七二年）などの公式の鉄道史書の記述もこの『沿革史』の記述を踏襲《とうしゅう》している。
以下、『沿革史』によって、常磐線建設のいきさつをたどってみよう。
一八九三年七月の株主総会で決議された建設計画は次の四線から構成されていた。
①　埼玉県の川口付近より茨城県の土浦、石岡を経て水戸線に連絡する鉄道（約六〇ﾏｲﾙ）
②　水戸鉄道水戸駅付近より陸前浜街道に沿って仙台南方の岩沼付近に至る鉄道（約一三〇ﾏｲﾙ）
③　既設線から分岐して隅田川畔に至る支線
④　川口付近で荒川を渡る橋梁を複線化
①と②を併せると現在の常磐線の原形となり、③は既設線から分岐して隅田川畔に至る貨物支線、④は列車数の増大に備えて荒川橋梁を複線化する、ことを意味した。
それまで水戸と東京との連絡は、小山から分岐して水戸に向かっていた旧水戸鉄道（一八八九年開業、一八九二年日本鉄道に買収）の路線に依存していたが、①によって短絡し、併せて埼玉県南東部や水戸街道沿いの地域に鉄道を通す計画であり、当初は土浦線と呼んだ。②で運ばれてきた常磐炭田の石炭を東京に直送する目的もあった。また、川口近傍で分岐としたのは、おそらく荒川に既設線とは別の位置に橋梁を架設するよりも、同じ位置

にもう一本の橋梁を加えて、複線化し、新線の開業によって増大する列車容量を緩和するほうがベターであると判断したものであろう。②はこの頃出炭量を向上させつつあった常磐炭田（福島県南東部から茨城県北部の地域）が不安定な海上輸送によって石炭の積出しを行なっていたものを鉄道によって運ぼうとしたもので、炭鉱業者も鉄道の開業を強く希望していた。③は日本鉄道の東京における貨物駅が従来は秋葉原駅のみであったが、より大きな貨物駅を新たに設置して、増大する貨物需要に対処するものであった。

①の土浦線について建設経過を述べると、一八九四年二月一五日付けで仮免状が下付された。これに基づいて、会社は三月二四日、技師長長谷川謹介の名前で実地調査の報告書が提出される。まことにすばやい行動で、おそらく仮免状が下付される前から実地調査、測量に着手していたのであろう。この報告書では、線路のルートについて次のように述べている。

　本線ハ埼玉県北足立郡川口町ニ起リ、千葉県東葛飾郡、南北相馬等ノ各郡ヲ貫通シ、茨城県西茨城郡宍戸町ニ至リ既成水戸線ニ連絡スルモノニシテ、此距離延長約六十三哩《マイル》トス。沿線地勢多少ノ高低アリト雖《いえど》モ、概言スレハ先ツ平坦ト云フヘク、而《しか》シテ埼玉県川口町ヨリ千葉県流山町ニ至ルノ間ハ最モ豊饒ノ土地ニシテ多クハ水田ナリ。流山町ヨリ茨城県取手町ニ至ル間ハ畑地ト森林ニシテ其中間ナル柏村近傍ニ広潤ナル小金原野ノ開墾地アリ（中略）加之《しかのみならず》流山ニハ江戸川、取手ニハ利根川、土浦ニハ霞ヶ浦アリ舟楫《しゅうしゅう》ノ便自在ナレハ此各所ニハ貨物輻輳ス（後略）（『沿革史』五一～五三ページ、句読点著者）。

　線路ノ方向及地形ハ既成上野起点七哩五十鎖ナル、即チ埼玉県北足立郡川口町ノ北端ヲ基点トシ、之ヨリ分岐右折シ北向、鳩ヶ谷ノ南ニ至リ、再ヒ右折南向シ草加ノ北部ヲ経テ旧利根川ヲ渡リ、又江戸川ヲ横過シ、千葉県東葛飾郡流山町ノ南ニ至ル。此区間ハ地勢平坦ニシテ旧利根、江戸ノ二川及多少ノ小橋梁ヲ架スル外工事容易ナリ。旧利根川ニハ五百呎《フィート》、江戸川ニハ千二百呎許《ばかり》ノ橋梁ヲ要スヘシ。而シテ此両川近傍ハ水害ノ地ニシテ去ル［明治］二十三年出水ノ際ノ如キハ流水漲溢《ちょういつ》、堤上ニ汎濫シ沿岸地方其惨害ヲ蒙リシコトアリ。然レトモ其災害タルヤ稀有ノコトナレハ該橋梁前後ニ二三ノ避溢橋ヲ設クルノ外特ニ之カ備ヲナスニ及ハサル見込ナリ（後略）（『沿革史』五三～五四ページ、句読点著者）。

　つまり、最初の建設計画では流山の地名が何遍も出てくることからもわかるように、明らかに流山を通ることが決められており、流山の存在が十分に意識されていたといえるのである。しかも建設工事上も支障がないといっている。ではなぜこの路線計画が変更されたのであろうか。

会社は一八九四年（明治二七）七月五日付けで本免状の下付を逓信《ていしん》大臣宛に申請したが、その要旨の中で次のように述べている。

（前略）本免状下付ヲ出願セシニ、示論ノ旨ニ依リ上野ヨリ根戸《ねど》に至ル線路ヲ実測シ、彼此《かれこれ》照査ヲ為シ、曩《さき》ニ出願ノ如ク浜街道線ヲモ布設シ、而《しか》シテ今日ニ在テハ上野ヨリ直ニ松戸近傍ヲ経テ根戸ニ於テ連続スルヲ至当トシ、川口ヨリ分岐スル計画ヲ改メ、根戸、友部間ハ先願ノ如クシ、根戸ヨリ南千住ニ至リ隅田川線ニ接続スヘシ。請フ、該線本免状下付アラムコトヲ（『沿革史』五六ページ、句読点著者）。

理由は「示論ノ旨ニ依リ」とある。『沿革史』にはその詳細は説明していないが、『日本国有鉄道百年史』（第四巻）にはこのことを次のように説明している。

これに対し明治二七年二月一五日仮免状が下付され、翌一六日松本鉄道局長から、この鉄道は他日磐城線と連絡し、東北地方の運輸交通上重要なものである。図面によると相当迂回となり、上野から流山近傍に達し、石岡から直接水戸に至る短絡線もあるようだから比較調査の上出願するようにという指示がよせられた（後略）（一九六ページ）。

これによれば、鉄道局長官松本壮一郎は、日本鉄道の川口付近よりの分岐案に対して、仮免状下付の翌日、まさに間髪《かんはつ》をいれず、「川口から分岐するような案は迂回が過ぎるから、上野から直接水戸に向かえ」という意見を会社に寄せているのである。この松本案でも流山は経由地として挙がっている。『日本国有鉄道百年史』はその原史料を示していないが、同書ではすぐその後に五月三〇日付けの社長小野義真より鉄道局長宛の文書（鉄道院文書「日本鉄道之部」所収）を掲げ、二月一六日付けの鉄道局長の意図に触れて、ルートを大きく変更したことと、その理由を説明した。

鉄道局長宛の文書を箇条書きにする次のようになる。

①　会社の原案である川口付近から第一期線（既設線、現在のJR東北線）と分岐して、水戸線内原《うちはら》、宍戸《ししど》付近に連絡する案に対し、鉄道局からは上野―千住《せんじゅ》―流山間、石岡―水戸間を直接結ぶ線について測量せよという意見をいただいた。

②　会社もこれについて調査をしたが、石岡―水戸間直通案については会社案のほうが「得策」であると思う。しかし上野から直接分岐して千住に向かう案は、将来の東北地方方面への交通を考えるならば、川口分岐案よりも優れていると考えるので、この案に基づいて変更計画を行ない、出願するつもりである。

③　しかし、上野から千住に伸びる線路は市街地区を経由するので、会社が現在出願している上野―新橋間と同じように高架鉄道として建設しなければならない。上野―新橋間を確実に設計した後でなければ、上野―千住間の高架鉄道には取り掛かれない

（これは高架鉄道の建設が未経験であるとともに、資金面でも難しいことを示唆している）。

④　そこで当面はすでに仮免状を得ている隅田川支線を利用して千住に至り、千住から土浦線の建設をしてゆくしかない。

⑤　しかし、上野―千住間を直通する高架線の建設をしないというのではなく、高架線建設の条件が調《ととの》い次第、建設に着手するつもりである。

実は当時、日本鉄道は上野駅から地上線で貨物線を秋葉原駅まで伸ばしていたが（一八九〇年開業）、延長一・九キロの路線に踏切が一〇ヵ所もあって、免許申請の時点から鉄道局長官より将来は高架鉄道に改築し、沿線火災の防止策を十分に講じねばならないと釘を刺された上での免許状下付であったという事実がある。しかも免許後も東京市や下谷《したや》区民から反対運動を起こされ、会社は将来は高架鉄道に改築するという決議をして、ようやく地元に納得してもらったという経緯があった（『日本国有鉄道百年史』第二巻、四四九～四五一ページ、これについては後の「実際にあった鉄道反対運動」でも触れる）。

官設鉄道東海道線のターミナル駅である新橋駅へ線路を延長する計画もあったが、まだ具体化した段階にはなかった。何分にも未経験で、かつコストのかかる高架鉄道の建設はこの際は避けたいという会社の意思があったと思われる。水戸付近のルートでも水戸に直結せずに既存の水戸線のどこかで接続すると主張したのも、新線の距離をできるだけ短くして建設費を少しでも削減したいからであったに違いない（水戸街道は石岡―水戸間をほぼ直線で結んでいたから鉄道はこの区間で大きく迂回したことになる）。

そこで会社の示した案は、同時進行していた隅田川支線を利用することであった。この支線は田端駅から分岐して東方に進み、南千住付近で隅田川畔に広い貨物駅を設けるものであったが、この線を新しい土浦線の一部として利用し、南千住付近から水戸方面に分岐するルートを採択するという案であった。このルートならばまだ都市化していない水田地帯を地上線で建設できるので建設費が増えることはない。

南千住から分岐するルートとなれば、千住（北千住）から水戸街道に沿うルートが最短ルートとなり、流山経由の可能性はこの段階で消えたと見てよいであろう。どのルートを取るにせよ、中川（古利根《ふるとね》川、『沿革史』では旧利根川といっている）と江戸川はどこかで渡

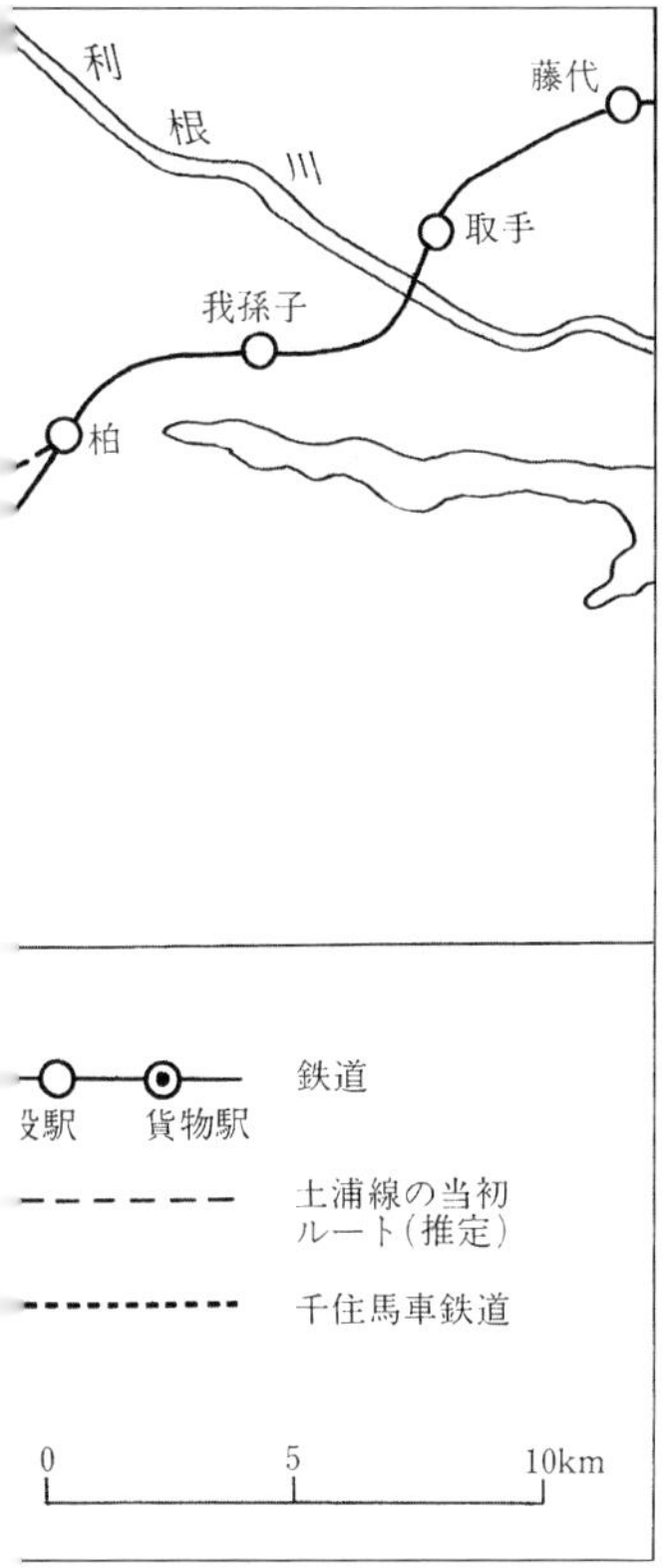

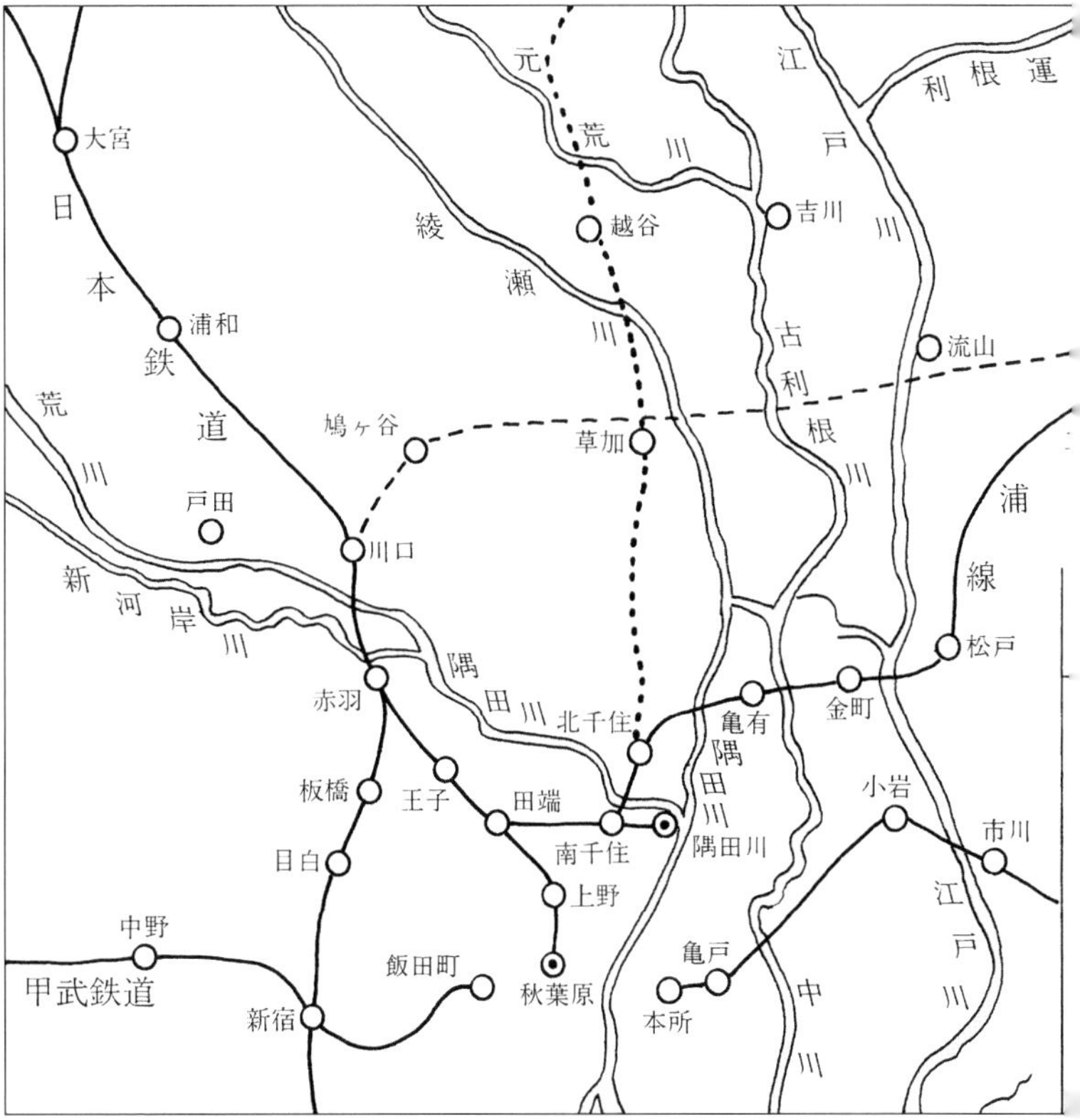

図７　日本鉄道土浦線の建設計画ルートと
実際のルート（1896年末現在）

らねばならないが、どの地点に架橋しても地形の上で工事の難易や建設費に差異はない。結局、土浦線のルートは会社と政府とのやり取りの間で決定されたのであって、流山その他の地域の反対運動があって、動かされたのではないのである。

実は土浦線の建設に際して沿線となる地域社会がまったく意見をいわなかったというのではない。低湿地で洪水の常習地域であるから、中川と江戸川の橋梁工事や水田を東西方向に通過する築堤によって、洪水時に上流側（北側）が湛水《たんすい》する可能性がある。これについては地元の農民はいろいろと注文を付けている。後でも触れるが、宿場町や河岸町の反対とはまったく性格の違うものなのである。また、内務省もいろいろと細かい注文を会社に付けたことも後で述べる。

このような経緯で日本鉄道は、一八九四年（明治二七）一一月二日、土浦、隅田川、磐《いわ》城《き》の三線について本免状が下付され、同月中に土浦—友部間が着工、工事は逐次全線に及んだ。翌一八九五年一一月四日、土浦—友部間が、一八九六年一二月二五日、田端《たばた》—土浦間が開業した。この時点では、上野を発車した列車は田端駅で機関車を反対側に付け替えて逆行して土浦線に進入していたが、一九〇五年四月一日に日暮里—三河島《みかわしま》間の短絡線が開通して、旅客列車はこの線を通ることになって、現在の常磐線のルートが完成した。ちなみに常磐線という線路名称が確定したのは、日本鉄道が一九〇六年一〇月に国有化された後、一九〇九年一〇月三一日付の鉄道院告示「国有鉄道線路名称」によるもので、東北線のグループに属し、「日暮里岩沼間及貨物支線」を常磐線と呼ぶようになったことに始まる。この時「田端隅田川間」は常磐線と線路は共通しながらも、隅田川線の名称で別の線として扱われたが、一九一一年五月の告示で常磐線に統合された。

都市と駅の関係

駅は町外れに作られる

世界の都市の駅配置——市街地と駅の位置関係——を見ると、一つの共通点がある。それは、その駅が初めて開業した時点では町外れに位置していたということである。これはきわめて当たり前のことであって、すでに建築物が密集して建てられた市街地に鉄道を通すためには、地価の高い土地を買収し、既存の建物を壊してから鉄道の建設にかからねばならない。市街地の土地所有は一般に細分化されていて、地権者の数も多い。そのため関係者の考え方も千差万別で、買収の交渉の複雑さ、事務手続きの煩瑣《はんさ》は農村よりもはるかに激しいものがある。数多い零細地主がいて、一人一人について面倒な交渉を行なわねばならない。また、土地を買収される住民の立場から見れば、現に住んでいる土地と家屋を捨てて、他の場所に移らねばならないというわずらわしさがあり、関係者の数が多いだけに、集団として統一した行動を起こして鉄道側と交渉する場合も多い。都市市街地内の土地買収の難しさがわかる。その上で既存の市街地を破壊しなければ、線路も駅も作れない。

都市の建物が密集して建てられている区域をビルトアップエリア（built-up area）というが、鉄道企業側が、土地の買収や建設のコストをできるだけ低位に止め、しかも都市中心部にできるだけ接近しようとするならば、必然的にビルトアップエリアのすぐ外側に駅の位置を定めることになるであろう。

駅が市街地の外側に立地するのであれば、鉄道用地として買収されるのは、多くは農地である。日本の多くの都市がそうであるように、沖積《ちゆうせき》平野上に位置する都市では、水田ないし畑地が買収の対象になる。

では駅の用地としてふさわしい土地はどのような条件のところであろうか。

まず、広く、平坦かつ水平な土地でなければならない。県庁所在都市クラスの鉄道駅ともなれば、旅客、貨物を取り扱う線路とプラットホームが多く、これに加えて、機関区などの諸設備、車両の留置線、最低限の操車スペースなどが追加されて、ますます広いスペースを必要とする。

広い平坦な水田が拡がっていても、低湿地で水害の常習地などはもちろん避けねばならない。畑地はその点ではあまり心配はないが、地形上の起伏が大きいと整地のための土工量が大きくなって建設費の上昇に繋がる。

さらに重要な点は比較的安価に買収できる土地、つまり地価の低い土地でなければならないことである。広い面積を買収するためには土地単価が安くなければ困るのである。鉄道側としては駅の位置は市街地に比較的近いことが望ましいが、市街地に直接接するような土地は高価で取得が難しく、ある程度の距離を隔てた位置に駅を選定することが多かった。

神社や寺院のような地域社会の住民の連帯意識や心のよりどころになるような宗教的な施設は交渉が難航しがちなので避けられることが多いが、墓地などは最適のルートにかかっているのであれば、買収の対象になっている。

一般に鉄道側はどのような経過で駅の位置を選定したのかを示す史料を公的な史書に記載していないので、後世の研究者は当時の地形図によって、市街地との位置関係、土地の自然条件（とくに河川氾濫《はんらん》の常習地は避けられる）などを読み取ることが必要である。

大都市鉄道駅立地の特徴

東京の幹線鉄道のターミナル駅の選定を例に取れば、官設鉄道の東海道線の新橋駅は、仙台藩（伊達《だて》家）、龍野《たつの》藩（脇坂家）、会津藩（松平家）の屋敷跡を転換したものであり、当時の江戸市街の南縁に当っていた。日本鉄道（現東北線）の上野駅は、上野の山下に並んでいた寛永寺の末寺一一ヵ寺を廃して、その境内を駅の敷地に当てた。この場所も当時の市街地の北限に近い。甲武鉄道（現中央線）の飯田町駅は、新宿御苑南縁と皇居外堀を利用して作られた。これにより飯田町駅まで線路を進入させることに成功し、ターミナル駅は、当初の郊外にあった新宿駅から当時の都心部近くの飯田町駅となった。初代の横浜駅（現在の桜木町駅）は野毛海岸の埋立地に作られていた。これらは土地買収の難しさを回避して、鉄道用地の確保ができた例である。

一八七四年（明治七）に開業した阪神間鉄道においても、大阪駅は市街部から遠く北方に隔たった曾根崎《そねざき》の地に選定されたし、一八七六年開業の京都駅も、当時は市街の南のはずれにあたる地区に建設された。東海道線の静岡、浜松、豊橋、名古屋、加納（岐阜）など、県庁所在地ないしこれに匹敵する都市では、いずれも建設時の都市外縁部ないし都市からかなり離れた農地に駅を立地させている（図8〜10）。

岡田直氏の論文「城下町都市における『鉄道忌避伝説』をめぐって―盛岡と熊本の事例―」（『地方史研究』三〇四号、二〇〇三年、六三〜七五ページ）は、県庁所在都市レベルの都市の駅位置に焦点を合わせて考察した論考であるが、県庁所在都市にふさわしい広い構内を必要とする駅の位置選定が、最終的に地形条件と高い地価の場所を避けることによっ

図８　阪神間鉄道大阪駅と大阪市街の関係
（明治19年測図２万分の１地形図をもとに作成）

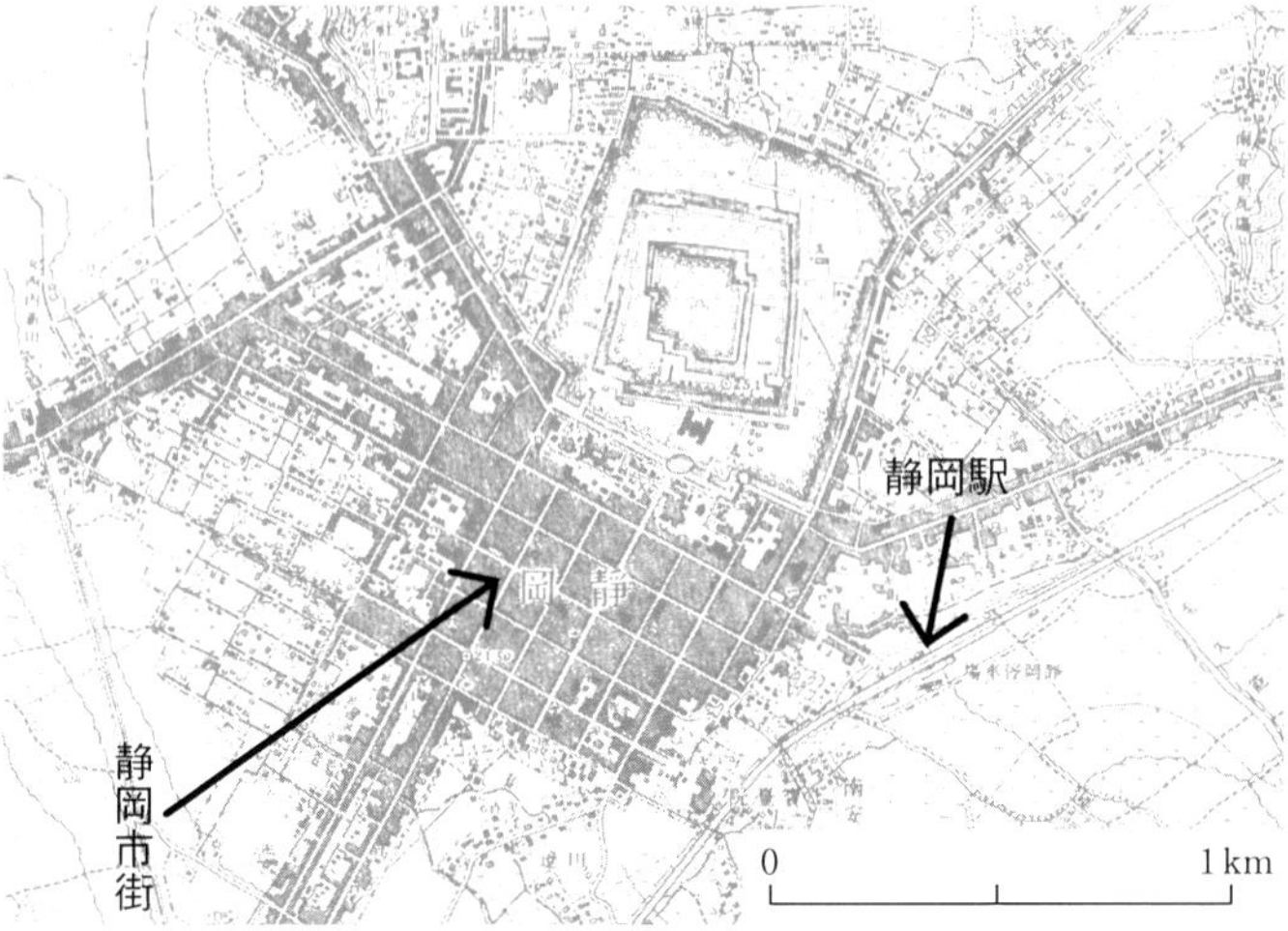

図９　東海道線静岡駅と静岡市街の関係
（明治22年測図２万分の１地形図をもとに作成）

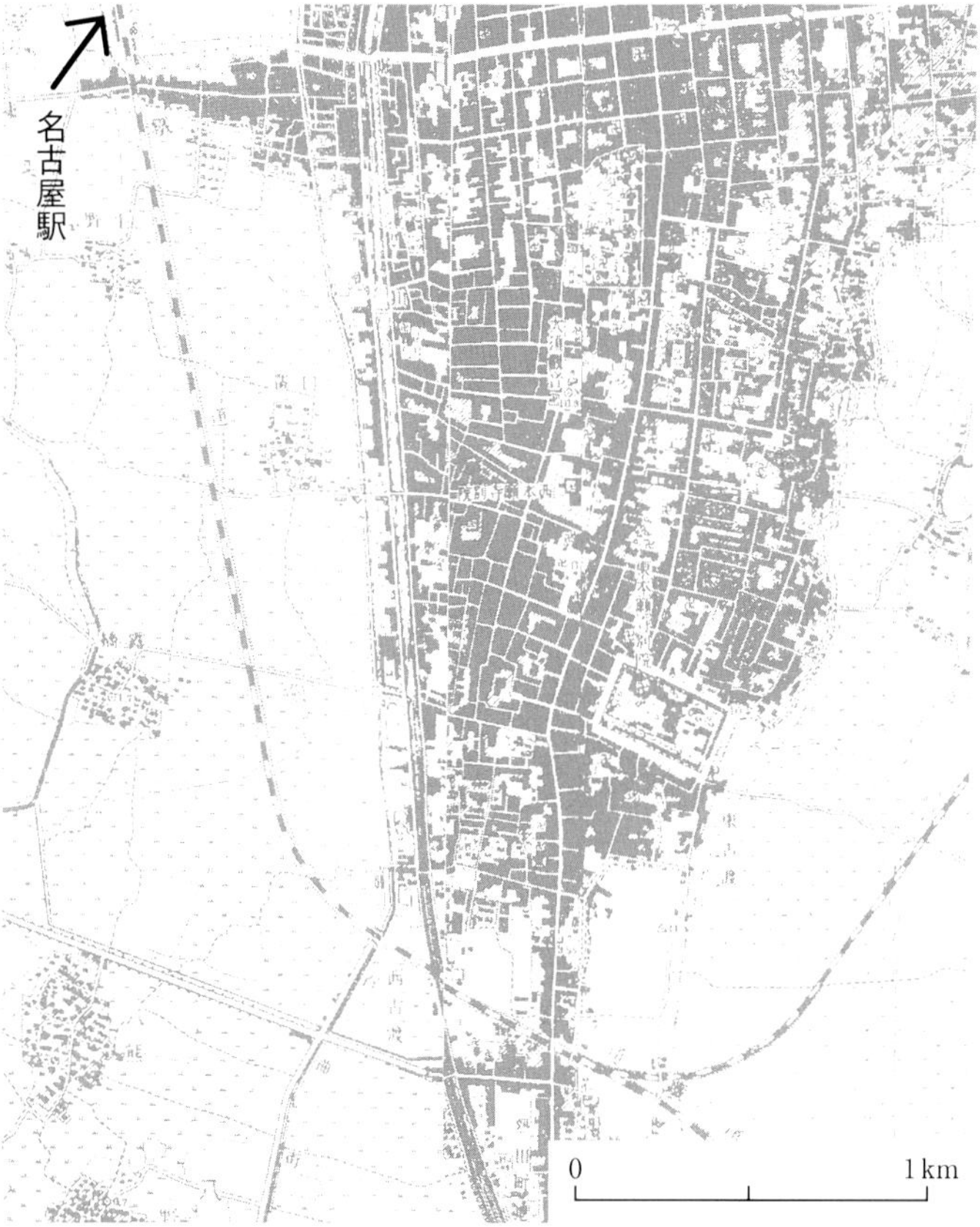

図10　東海道線・中央線ルートと名古屋市街の関係
（明治24年測図２万分の１地形図をもとに作成）

て決定されたと推定している。

このような都市駅の特性は外国でも同じであって、ロンドンにたくさんあるターミナル駅はすべて鉄道の建設された一九世紀中葉のロンドン市街部の外れに位置している。

頭端駅の設置を避ける

大阪駅の位置について注目すべきところは、ヨーロッパの都市駅によく見られる頭端式《とうたんしき》を採用せず、通過式の構造を採ったことである。頭端式の駅とは、鉄道が都市の郊外から市街中心部に向かって突っ込んだ形で作られた行き止まり形式の駅である。当然のことながら到着した列車が出発するときは、機関車を列車の反対側に付け替え、逆行して出て行かねばならない。大阪駅はすでに京都方面への路線延長が予定されていて、神戸―大阪―京都間に直通する列車は、もし大阪駅が頭端式の駅となると、常に機関車の付け替えが必要となって、長い停車時間を設定しなければならなくなる。そこで一般の駅と同様な通過式構造を採用することによって、このような弊害を避けたのである。

これ以後、日本の幹線鉄道の大都市ターミナル駅においては、線路の先が海であったり、当面延長の計画がなかったりした場合は別として、通過式の駅とする方法が定着する。ただ、このために、頭端式の駅を作るよりも、市街地からやや離れた位置に駅ができるのはやむをえなかった。

鉄道忌避と誤認された駅の立地

また、都市によっては、町外れどころか、ビルトアップエリアの外縁からさらに田園を隔ててはるかかなたといってよいほど遠くに駅が作られることもある。先に論じたと東海道線の岡崎駅はその例であるし、兵庫県竜野のように龍野を名乗る山陽本線（当時は山陽鉄道）の駅は、町の中心部から数キロ離れていて、後年に姫新線が建設されたときに、本竜野という別の駅（実はこの駅も昔の城下町とは川を隔てた対岸にある）が設けられたというような例もある。

ところが旧市街地と都市駅が離れている現象を見て、これを鉄道忌避と結び付けることが間々ある。しかし、上に述べたような理由で多くは鉄道忌避とは関係がないのである。

もう少し小型の駅の位置選定を千葉県最初の鉄道の例で見てみよう。

古くから成田街道や東金《とうがね》街道の宿場町として栄えた船橋《ふなばし》には、駅の位置に関して鉄道忌避伝説がある。一九三七年（昭和一二）発行の『船橋町史』には、総武鉄道に関して次のような記述が見られる。

（前略）此の株式募集に際し一挿話あり。鉄道敷設の為株式募集せらるゝや、本町に於ては全戸挙つて此の鉄道敷設に反対し、鉄道開通せば町の衰微を来すべしと称し株式に応募せんとするもの無かりしに唯某医師一株を応募せりと。而して起工式は本町九日市小学校に於て挙行せられ当時の県官有志参集して盛大を極めたり（三一五ペー

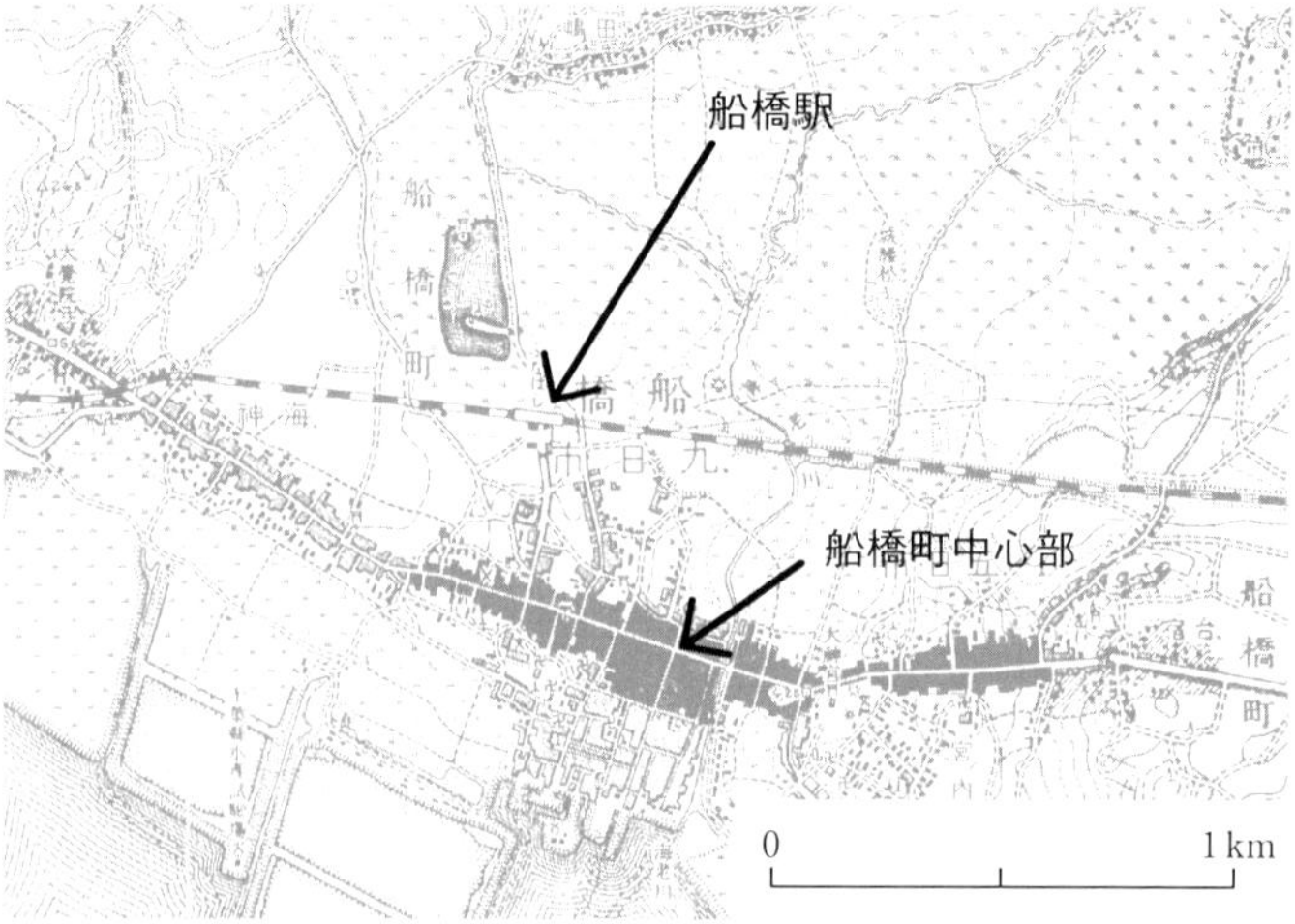

図11　総武鉄道船橋駅と船橋町の関係
（明治36年測図2万分の1地形図をもとに作成）

ジ）。

いささか矛盾に満ちた記述で、「全戸挙つて此の鉄道敷設に反対し」た町であるのに、なぜ起工式がこの町で行なわれ、しかも「盛大を極めた」のかよくわからない。一人の医師を除いて、町民は誰も株式募集に応じなかったというのも多分話を面白くするために脚色された伝承であろう。一八九四年（明治二七）七月、総武鉄道が市川—佐倉間に初めて開業したとき、船橋駅の設けられた位置は、当時の宿場町の中心部からは数百㍍未満（歩いて一〇分以内）だったのであり、これでは鉄道を忌避したという伝承は通用しない。

実は、船橋駅の位置は町側の意見を容

れて決められたという記録がある。それは「自明治二十五年至明治二十七年船橋町会議事録」で、一八九三年三月二九日の項に、次のような記事があるからである。

総武鉄道敷設ノ交渉概況ヲ委員（拾弐番―注、町会議員の番号）報告ス。其要点ハ本町ノ予《かね》テ望ム所該起業ノ許ス限リ当市街ヘ接近シテ線路ヲ敷設シ、停車場ハ本町中央（九日市）ニ設置アラン事ヲ求ムル旨趣、坂本概社長ニ就キ懇談ノ結果ハ当希望ヲ達ル方法ニ尽力スヘシト同氏ノ意見ナリ。

「本町中央（九日市）」とは、まさに駅の設けられた位置であり、町側の意見が鉄道側にも受け入れられたわけである。しかし、鉄道開業以来三〇年以上も経過すると、これが鉄道忌避伝説に変わってしまっているわけである。

一八九七年四月、房総《ぼうそう》鉄道（現在のJR外房線）大網《おおあみ》―一宮《いちのみや》間の開業によって、当時長《ちょう》生《せい》郡役所所在地で、付近農産物の集散地であった茂原《もばら》町にも茂原駅が開設されたが、ここにも鉄道忌避伝説がある。茂原市役所が市民向けに編集・刊行した『ふるさと茂原のあゆみ』（一九八六年）によると次のように伝えられている。

しかし、駅の設置についてはいずれの地においても反対や問題があったようです。茂原においても、馬継場が今の高師《たかし》の八幡神社の付近にあったため、近くに駅を設けることに反対しました。当時は陸蒸気と言われ、黒煙を吐いてごうごうと走る汽車を

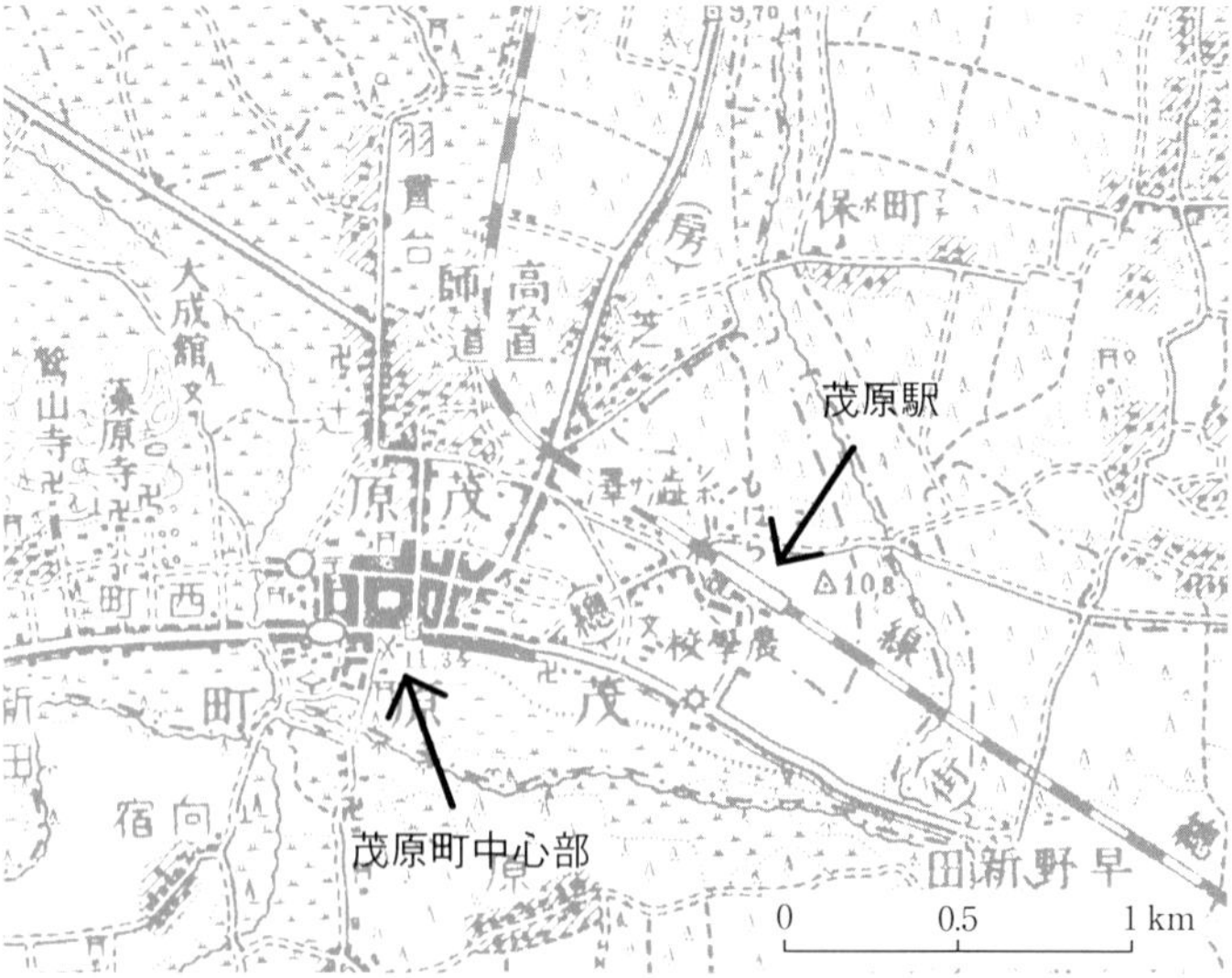

図12　房総鉄道茂原駅と茂原町の関係
（明治36年測図５万分の１地形図をもとに作成）

> 異様な怪物のように人々は恐れたのかも知れません。ばい煙や震動が被害をもたらし、稲作への悪影響を心配しました。ですから駅の場所は最初は高師方面を予定していましたが、地区民の反対により、町の中央から離れた現在（町保）の位置に設置することになりました（一五九ページ）。

ところが、この茂原の鉄道忌避伝説がまったくの虚構であることは、駅開業の年に発行された、『千葉県内鉄道視察一斑』（手塚秀輔編・刊、一八九七年）によって意外な真相を知ることができる。

（前略）聞くところに拠れば、隣村高師と停車場の位置を争ふて一大軋轢《あつれき》を生じ、房総会社又た之を如何とも左右する能はず、止むなく双方の請求を排し、町の一端に矮小狭隘《きょうあい》の停車場を造り、乗客昇降の用に供したりと。之れ皆な競争弊害の然らしむる所。但し其後譲歩的の相談纏《まとま》り、積日の紛議一掃したりと云へば、更に適当の停車場を新設するに至るべし（後略）（一〇一ページ、句読点著者）。

実は茂原町は、駅を忌避するどころか、隣村と駅の争奪合戦をしていたわけで、駅の位置を当時の市街地との関係から考えた後世の住民が「すわこそ鉄道忌避だ」と速断した結果だったのである（船橋と茂原の鉄道忌避伝説と関係文献については、千葉県佐倉市の鉄道史家白土貞夫氏から教示を得た）。

実際にあった鉄道反対運動

鉄道創業時の反対運動

官・民それぞれからの反対

「鉄道忌避伝説の検証」において、私は従来言い伝えられてきた鉄道忌避が単なる言い伝えの段階を出ず、厳密な史料批判に耐え得ないものが多いことをいくつかの実例を挙げて述べたが、鉄道に対する反対がまったくなかったわけではない。実際に基本史料によって確認できる鉄道反対の主張、運動も確かに存在するのである。

そこで、実際にあった鉄道に対する反対、忌避を確実な史料に基づいて、そのいくつかを紹介してみよう。日本の鉄道創業時において鉄道忌避がはっきりとした形で現われるのは、実は民衆・住民側からではなく、政府内部、つまり官側からのさまざまの形での反対の主張であった。明治二〇年代以後に入って、鉄道網の建設が全国的に進展すると、住民側、つまり民側からの鉄道に関する意見が出てくるようになり、鉄道に対する期待と建設計画や建設促進の要求などとともに、鉄道建設計画に対する異議申し立てが数多く現われるようになる。それは農業水利や耕地整理、洪水対策に関わるもので、現代から見てもかなり合理的で、正当な理由に基づく要求であった。

いくつかの特徴ある異議申し立てについて一瞥してみることとする。

守旧派官僚の鉄道反対

幕府を倒して明治政府を作り上げたのは、薩摩《さつま》や長州《ちょうしゅう》、土佐《とさ》、肥前《ひぜん》などを中心とする勤皇《きんのう》の志士たちであった。「尊皇攘夷《そんのうじょうい》」を共通の旗印として、「開国」を主張する幕府を倒して政権を握った明治新政府は、あっという間に「開国」政策に転じた。いまや顕官《けんかん》に名を連ねたかつての攘夷の志士たちの多くは依然として強い排外思想を抱いていたのであるから、今風の表現でいうならば「アタマに来た」のは当然であろう。

外国から資金を借りて鉄道を建設する計画が起こったのは、維新達成直後の一八六九年（明治二）である。鉄道建設を推進しようとする大隈重信《おおくましげのぶ》・伊藤博文《いとうひろぶみ》などの開明派官僚に対する守旧派官僚たちはただちに反撃に出た。これは一種のイデオロギー対決といってよく、鉄道反対の主張は激烈を極めた。また、鉄道の建設は軍備強化を遅らせるものとして、初期の軍部が鉄道を敵視したことも知られている。

この種の鉄道反対の主張については、古くは田中時彦氏の著書『明治維新の政局と鉄道建設』（吉川弘文館、一九六三年）にも取り上げられており、また、『日本国有鉄道百年史』（第一巻、一九六九年）にも実例が紹介されている。

一八七〇年一月（明治二年一二月）、後の司法省に相当する弾正台《だんじょうだい》は、外国からの借款《しゃっかん》によって鉄道建設が行なわれることに対して、反対の火の手を挙げた。弾正台は大蔵省から太政官に提出された予算見込書の中に鉄道建設費が計上されていたことに抗議して、太政官へ次のような建議書を提出したのである。

大蔵省書上ケノ中、鉄道御手当金ト申儀相見へ候ハ如何ノ御趣意ニ候哉、一同理解致兼候、方今ノ形勢内ニハ生民ノ困苦ヲ救フニ術ナク、外ニハ外蕃ノ跋扈《ばっこ》ヲ制スルニ力ナシ。然ルヲ不急ノ鉄道御起シ被遊《あそばされ》候儀、真ニ所以生疑惑《ぎわくをしょうずるゆえんに》御座候。是或ハ姦民黠吏《かつり》ヲ欺キ、黠吏朝廷ヲ奉欺《あざむきたてまつる》ニハ有之間敷哉《これあるまじきや》。仰願クハ右等不急ノ冗費ヲ除キ、速ニ軍艦製造ノ用へ御移シ被遊、兵威興張宇内統一ノ御基本立候様致度候事（『日本国有鉄道百年史』第一巻、一九六九年、七一ページ、原文は『法規分類大全』第一編、官職門　官制　民部省、所収、句読点は『百年史』編者）。

当時の弾正台には、弾正尹《だんじょうのかみ》九条道孝《くじょうみちたか》、弾正大弼《だいひつ》池田茂政、その下に吉井幸輔・海江田武次などの守旧派の旧公卿、旧大名、薩摩藩士などがいて、鉄道反対の意思を率直に述べている。この中の吉井幸輔は後に名前を友実と改めて、日本鉄道の社長に就任するのであるから、明治期における官僚の考え方の変化の激しさがうかがわれる。

　大蔵省の書類に鉄道費用とか称するものが含まれているのはいかなる理由によるものでしょうか。一同理解できない次第です。今国内では民衆の困苦を救うことができず、国外では外国がほしいままに動いていることを制する力もありません。それなのに急いでやる必要もない鉄道を建設しようということなど、まったく疑問だらけです。察するに、邪《よこし》まな民が悪賢い役人を欺き、その悪賢い官吏が朝廷を欺いたに違いありません。このような不急不要の無駄な費用を除いて、軍艦製造の費用に当てることが、軍備拡張、国内統一の基本政策かと思います。

「姦民・黠吏」（邪まな民・悪賢い役人）とこき下ろすあたりに守旧派からの、大隈・伊藤など開明派官僚に対する憎しみともいうべき感情が感じられる。太政官はこの建議を黙殺して返事も出さなかった。明治三年二月、弾正台は再び建議して返事を催促した。

　不急ノ鉄道御開ノ儀ハ断然御見合《みあわせ》ニ相成度、旧臘《きゅうろう》建言仕置候処、未タ何等ノ御沙汰モ無之、仍《よつ》テ御模様奉伺候也（『日本鉄道史』上篇、一九二〇年、一一七ページ、句読点は『百年史』編者）。

　急いでつくる必要もない鉄道などは絶対にやめてほしい、と昨年末に建言しましたが、まだ何のお返事もいただいておりません。その後どうなったのかお伺いいたします。

という弾正台からの返事の催促である。

このような弾正台の反対に対して、太政官はどのように処置したのか史書は伝えていないし、その後の弾正台の行動もわからない。大蔵省や民部省はその後も黙殺したのであろう。

兵部省の鉄道反対

陸海軍を統括する兵部省も鉄道には当初反対した。

一八七〇年五月（明治三年四月）、兵部省《ひょうぶ》は東京湾に望む浜離宮《はまりきゅう》を海軍用地として使っていたが、その拡張のために周辺地区も譲り受けたいと太政官《だじょうかん》に請願した。しかし、同じ月に民部省は兵部省がほしいといった地区内で新橋駅の工事を始めていた。兵部省はこれに抗議したが、太政官は回答しなかったために再度回答を督促するとともに、鉄道工事の中止を要求した。六月に入ると兵部大輔前原一誠がまず個人で、続いて兵部省も建議書を提出した。

前原は国防よりも鉄道を優先する政策を抽象的に批難したが、兵部省の建議書はもっと具体的であって、東京側のターミナル駅を汐留《しおどめ》に建設することの非を鳴らした。

外国人居留地附近ニ運輸ノ便ヲ開キ、互市《ごし》ヲ盛ニスルトキハ外人忽チ多ク居住シ、府内混雑ヲ生シ、細民（一般庶民）貪婪《どんらん》（つつしみがないこと）ニ馳セ、風習復《ま》タ救フヘカラサルニ至ラン（『日本鉄道史』上篇、一九二〇年、四八ページ）。

と述べて、外国人居留地の築地に近いところに商業中心地を作る計画に強い不満を表明し、外国人が東京の中心地に入ることによって起こるかもしれない問題を列挙すると同時に、東京を海からの攻撃から守る位置に海軍の基地が設置できないことの不満を表明したのであった。鉄道線路はもっと西に移せとも主張していた。その根幹には外国人をなるべく遠ざけるという考えとともに、国防のための軍事優先の思想があった。

軍事優先の思想は西郷隆盛《さいごうたかもり》が岩倉具視《いわくらともみ》に送った書面にもよく表れていた。

開国ノ道ハ早ク立タキ事ナレドモ、外国ノ強大ヲ羨ミ財力ヲ省《かえりみ》ズ漫《みだり》ニ事ヲ起シナバ、終《つい》ニ本体ヲ疲ラシ、立行ベカラザルニ至ラン。此涯蒸気仕掛ノ大業、鉄道作ノ類一切廃止シ、根本ヲ固クシ兵勢ヲ充実スルノ道ヲ勤ムベシ（『日本国有鉄道百年史』第一巻、一九六九年、七四ページ、句読点は『百年史』編者、原典は『岩倉具視関係文書』第八）。

最終的には、太政官は兵部省の意見を採択せず、土地は鉄道用地として民部《みんぶ》省に引き渡されたのであった。

鉄道に関心をもった陸軍

陸軍は創業期の鉄道にはあまり関心を持たなかったが、西南《せいなん》戦争（一八七七年）頃から鉄道の優れた軍隊輸送能力に注目し、軍事的な観点から鉄道の機能を研究するようになる。

日本鉄道会社特許条約書（一八八一年）、あるいは私設鉄道条例（一八八七年）にはいずれも鉄道の軍事輸送義務が規定されたが、一八八四年（明治一七）二月二五日付、工部省宛の太政官達では、

鉄道ノ布設変換ハ軍事ニ関係有之《これあり》候条処分方詮議ノ節陸軍省へ協議可致《いたすべし》（『工部省記録』巻二、五八頁）。

と規定され、鉄道の建設に当っては陸軍と鉄道局との間での協議が義務付けられている。このことは、当時の陸軍が鉄道の機能やルート選定について、すでに一つの考えを持っていたことを示唆している。当時、ドイツの軍制を取り入れつつあった陸軍は、普仏戦争（一八七〇～七一年）でドイツ（プロイセン）軍の行なった鉄道の有効利用に大きな関心を持っていたことは疑いない。

鉄道は海岸を避けて建設すべし

一八八三年（明治一六）、参事院議長であった陸軍中将山県有朋《やまがたありとも》が、東西両京（東京と京都）を結ぶ幹線鉄道は、海上からの攻撃を避けるために東海道経由を避けて中山道経由にすべきであると主張した（井

上勝「帝国鉄道の創業」『拾年紀念日本の鉄道論』鉄道時報局、一九〇九年、三九ページ)。もっとも幹線鉄道の中仙道経由案はもともと鉄道局が主張していたもので、陸軍の主張で決まったものではないが、このあたりの時点から陸軍は「鉄道は海岸線から離れて建設すべきである」という考えを持つようになったらしい。

陸軍が軍事的な観点から鉄道のあるべき姿を明確に描いたのは、一八八七年のことであった。この年の六月、陸軍は有栖《ありす》川《がわ》宮《のみや》熾仁《たるひと》親王《しんのう》の名で、「鉄道改正建議案」を作成し、鉄道局長官井上勝に諮問《しもん》した。この案では幹線鉄道が海岸経由では危険なので、つとめて海岸から離した位置を選ぶこと、大量輸送のための標準軌間ないしそれ以上の広軌を採用すること、複線化を実現することなどが含まれていた(『日本鉄道史』上篇、一九二〇年、六四九~六五〇ページ)。

これに対して井上は、莫大な費用を要するこのような改築案は現時点では非現実的であり、実行不可能であると反論した。彼は鉄道の軍事的な効用は認めていたが、あくまで経済的機能を優先させる原則を主張し、鉄道の効用を軍事的機能だけに短絡させることの不可を力説した。同年七月一六日に「鉄道改正建議案ニ対スル上陳書」を提出して、陸軍が取り上げた項目の一つ一つに反論を加えた。陸軍の主張に真っ向から反対した上に、鉄道について意見をいうならば、もっと勉強してから発言せよと、小学生をたしなめるような調子で説諭したので、陸軍側は大いに激し、参謀本部に井上を呼び出して激論に及んだが、お互いに言い合いに終わった（『日本鉄道史』上篇、一九二〇年、六五〇～六五一ページ）。

『鉄道論』の主張

そこで参謀本部では、彼らの意見を集約して公刊し、大いに世論に訴えようとした。一八八八年（明治二一）四月、参謀本部陸軍部の名で刊行した『鉄道論』がこれである。

『鉄道論』は、鉄道が軍備の一環として機能しなければならない必然性を広く一般に普及知悉《ちしつ》させようとした小冊子で、総ページ一二六ページ、全八章から成る。まず、日本の国防上の見地から鉄道の果たすべき役割を論じ、さらにヨーロッパ各国、とくにプロイセンとフランス両国における鉄道の軍事的利用について紹介している。そして日本が外国と戦争となった時に起こる軍隊の輸送方法とその速度を推計し、これに基づいて、線路の建設、施設の整備・改良をどのように進めるかを述べるのである。

陸軍は戦時における情勢を次のように想定している。

我国四方皆海ナリ、故ニ我ヲ侵サントスルノ敵ハ必ス我ニ優ルノ艦隊アル者トス、艦隊已《すで》ニ我ニ優レハ、我海軍艦隊ハ敵ノ第一着手ニ於テ先ツ撃退若《も》クハ封鎖ヲ受クル者ト仮定セサルヲ得ス。故ニ今日ニ於テ国防ヲ策スレハ、海上ノ事之ヲ度外ニ置カサルヲ得ス。

敵艦已ニ海上ヲ占領ス、豈啻《あにただ》ニ応援運搬ノ便利ヲ失フノミナランヤ、四国九州已ニ敵地ヲ隔テテ対岸ニアリ、況《いわ》ンヤ対馬沖縄ヲヤ、況ヤ北海道ニ於テヲヤ、此数島ノ陸軍ハ皆度外ニ厝《お》カサルヲ得ス。

敵已ニ海ヲ制シ我帝国ヲ分裂セリ、然レトモ此レ第一着手ノミ。第二着ノ策ハ如何ン。必スヤ我本州中ニ向ツテ一ノ戦略目標ヲ定メ、其目標ニ近接シテ揚陸ノ地点ヲ撰ミ、此ニ上陸シ来ルヘシ（後略）（『鉄道論』第三章「鉄道ノ我国防ニ必要ナルヲ論ス」）。

『鉄道論』では、陸軍は海軍の力をまったく信用しておらず、陸軍と海軍との共同作戦などは考えてはいない。対外戦では、沿岸の制海権が下関《しものせき》海峡や瀬戸内海までを含めてすべて敵の手に帰し、四つの島のどれかに敵軍が上陸しても、他の島の陸軍は救援にも行けないという事態を想定している。同じ島の中では各地の部隊を敵の上陸地点に鉄道輸送するとき、海岸付近の幹線鉄道が敵の上陸軍によって占領されたり、艦砲射撃で破壊されたりしては、軍隊輸送の機能が果たせない。鉄道こそは、ある一地点に敵が上陸した場合、本州各地の部隊を迅速に動員、集中するための唯一の方法である。鉄道が敵手に落ちないようにするために、陸軍は次のように結論する。

道路ノ不便ニシテ、聚中《しゅうちゅう》動員ノ困難ナル此《かく》ノ如シ。其レ終《つい》ニ之ヲ救フノ法ナキカ、曰ク有リ。何ソヤ。本州内部ノ中央ヲ貫通スルノ鉄道是ナリ。苟《いやし》クモ能《よ》ク此中央貫通ノ鉄道ヲ布設セハ、動員迅速聚中自在ニシテ、前述ノ外寇《がいこう》復《ま》タ患《うれ》フルニ足ラサルナリ（後略）（『鉄道論』第三章）。

つまり、陸軍は本州中央を縦断する幹線鉄道を建設し、この線から適宜分岐して海岸に至る支線を作れば、本州の他の地区から軍隊を敵の妨害を受けずに必要な地区に移動させることができると主張するのである。まるで本州全体が山も谷もない平坦な陸地であるかのような想定になっている。険峻な山地に鉄道を建設することがどんな困難なことか、そして勾配や線路曲線の大きい路線での輸送がどれだけ能率を落とすものか、何も考えていないのである。当時の陸軍の鉄道知識はこの程度だったのである。

『鉄道論』を見て、井上勝らの鉄道官僚がどのように考えたか、鉄道側の編纂した史書には何も書かれていない。『日本鉄道史』のような鉄道側の正史は『鉄道論』には触れてもおらず、黙殺の形である。おそらくこの程度の幼稚な議論では井上たちはせせら笑っていたに違いない。

しかし、『鉄道論』に書かれたような陸軍の海岸線鉄道の忌避論は一般の人々の間にもよく知られた。一八九一年七月、鉄道局長官井上勝は「鉄道政略ニ関スル議」と題する長文の建白書を政府に提出した。これを要約すると、第一は将来の日本の幹線鉄道の計画路線を決定し、政府はこのための長期計画を立てて、着実に建設を行なうための法律、およびその資金を得るための公債発行の法律が必要であること、第二は幹線鉄道網の一環となる私設鉄道を政府が買収することであった。その中で「第一期ニ起工スヘキ分」、すなわち、ただちに着工すべきであるとする鉄道六路線を挙げ、その筆頭に「八王子甲府線」を上げていた。それは東京と名古屋を結ぶ「中央鉄道」の一部となる路線であり、「東京名古屋ノ両所ヲ聯絡《れんらく》スル中央鉄道ヲ以テ最大緊急ナリトスルハ軍人社会ノ定論ニシテ、輿論《よろん》モ亦《また》是認スル所ナリ（後略）」（『日本鉄道史』上篇、九一九〜九二〇ページ）といっている。ここで井上が「軍事上」ノ理由を加えたのは、自分の主張を補強する意味で、陸軍の主張をことさらに取り入れたのであった。内陸部の地域社会の住民も負けてはいなかった。鉄道を誘致しようとする多くの陳情書には「軍事上ノ必要性」（＝「鉄道のルートを海岸から離すこと」）に触れているのは、『鉄道論』が全国の人々にいかに読まれていたかを示している。地域社会の人々は山間の名もない地域のためというだけでは、鉄道誘致の理由付けとして弱いと感じ、陸軍の主張を大義名分として利用したのであった。

しかし、陸軍の海岸線忌避論は、陸軍部内での鉄道知識が積み重ねられてゆくにしたがって、色あせてゆく。一八九〇年代後半に入ると、大沢界雄《かいゆう》のように陸軍部内で鉄道を専門とする軍人が出てきて、こんな幼稚な海岸線忌避論よりも鉄道の統一的な運営、運用（＝国有化）こそ、軍事輸送の最重要事項と主張するようになるのである。

鉄道官僚が鉄道建設に反対するというのは、まさに矛盾であるが、鉄道官僚は初期の日本の鉄道では水運との競争には神経質に対処していた。

東海道線より中山道線が必要

一八七〇年七月（明治三年六月）、土木司員佐藤与之助・小野友五郎は、東西両京連絡鉄道のルート調査のために東海道筋を歩いたが、彼らは「東海道筋巡覧書」において次のように報告していた。

　方今東京ヨリ神戸表蒸気通船多分往返自在ニ相成、且《かつ》東海道ハ運送便利之地多ク候間、鉄道御取開相成候上一時運送ハ海陸不絶《たえず》並ヒ行レ可申哉難窺知《うかがいしりがたく》候得共、当時商賈ノ形勢ヲ以テ相考候ヘハ極々高価或ハ至急ノ品物之外ハ運賃下直《げじき》ノ方ニ多分積送リ可申。且又東海道鉄道築造御入費ハ莫大之儀、旁《かたがた》以東京ヨリ木曽中山道鉄道御取立相成候方御専要奉存候。尤《もっとも》地勢聢《しか》ト見定候ニハ無御座候ヘトモ東海道ノ御入費ニテ多分出来可申奉存候。木曾中山道ノ儀ハ運送不便ノ地多候間所々枝道相付候ヘハ産物運送山国開花ノ一端ニ可相成。尤数条之枝道御築造仕候ニハ士農商ニ不拘《かかわらず》、鉄道会社組立往々皇国中鉄道ヲ敷キ不申候テハ至極ノ妙用トモ難申上候（『日本鉄道史』上篇、一九二〇年、四〇七～四〇八ページ、句読点著者）。

ずいぶんいい加減な報告書で、東海道筋の視察であって、中山道は見ていないにもかかわらず、中仙道に鉄道を敷いた方がよさそうだ、という不思議な内容である。その理由は、東海道と並行して汽船がたくさん往復しており、東海道沿道もすでに交通の発達した便利の地である。鉄道を通しても汽船のほうが運賃が安いので高価な品物、急ぎの品物以外は鉄道を利用しないであろう。地形をよく見たわけではないものの、東海道に鉄道を建設するに要する費用は多額ではあるに違いないが、多分中山道に鉄道を建設しても同じような費用でできるであろう。中山道沿いの地域は従来交通不便の地であり、支線を適宜建設してゆくならば、産物の輸送も改善され、経済開発にも役に立つであろう、云々、といっている。

ここに現われている考え方は、海運と並行して鉄道を建設しても、貨物は運賃の安い汽船に流れて、鉄道を利用しないであろう、というもので、そのような考え方は、当時の鉄道関係者に共通していたのである。その後、東西両京連絡鉄道のルートは中山道案が本命となって、一八八四年にはその通りで着工されるのであるが、一八八六年七月、地形険阻の理由で急に東海道案に変更される。

琵琶湖湖上連絡への固執

東海道案にルート変更した後の鉄道建設は驚くほど早いピッチで進められた。鉄道局はただちに横浜—熱田《あつた》間の測量に着手し（中山道案に基づいて、すでに木曾川の架橋区間を除いては長浜—名古屋—武豊間は開通していた）、一八八六年（明治一九）一一月には工事を起こしたのであった。翌八七年七月には、横浜—国府津間、一八八八年九月には大府—浜松間、一八八九年二月、国府津—静岡間、同年四月、静岡—浜松間と、矢継ぎ早の開通が続いて、最後に残ったのが琵琶湖の東岸を走る大津—長浜間であった。

もともと京都から逢坂山を越えて大津に達する路線は、早くも一八八〇年に、琵琶湖東北岸の長浜—敦賀間は一八八二年・八四年に開業していた。大津—長浜間については、琵琶湖で営業していた既存の湖上交通業者を統合させた太湖汽船が設立され、一八八二年五月より大津と長浜を結ぶ日本最初の鉄道連絡船が走り始めていた。水運を利用できるところはまず水運で、という考え方が鉄道局に強く存在していたのである。

だが、お預けを喰らった琵琶湖沿岸の住民の不満は大きかった。早く鉄道を建設してほしいという要求が滋賀県内から起こり、元彦根《ひこね》藩主井伊《いい》直憲《なおのり》を筆頭に県民四十余名は鉄道の早期建設を請願した。

（前略）東西数百里の鉄道ヲ中断シ、僅々十余里ノ水利ニ依リ瀛車ニ代ルニ瀛船ヲ以スルカ為メ、旅客ノ往来、物価ノ運輸其不便少カラス、其上春初冬末往々風浪ノ厄ニ遭遇スルノ困難アリ、且鉄道ヲ湖東ニ布設セラル、アラハ同地方ノ利莫大ナルカ故ニ、何ノ地ヲ択ハス大津長浜間ノ連絡ヲ通センカ為メ急ニ官線ノ布設ヲ請フモノニシテ、若シ其資本ヲ欠クアラハ布線ニ要スル公債募集ヲ請ヒ、以テ之ニ応ス可キヲ期シ、将《はた》又是モ難被行《おこなわれがたき》儀ナレハ民資官行ノ允可アルカ、或ハ特別私設ヲ聴《ゆる》サル、乎（『工部省記録』巻一三、七三項「銕道《てつどう》布設ノ儀滋賀県人民ヨリ願出ニ付指令方伺」、句読点著者）。

これは井伊らの提出した文書の内容を、一八八四年一〇月二八日付けで工部卿山県有朋より左大臣有栖川宮熾仁《たるひと》親王に報告するに当って要約された文書である。政府に資金がなければ公債募集にも応じるし、自分たちの出資で鉄道を作り、運営を鉄道局に任せてもよい、とまでいっている。湖東地域の住民が鉄道の早期建設を要望している様子が文面に滲《にじ》み出ている。山県も「請願ノ次第頗《すこぶ》ル懇切ト被存候得共《ぞんぜられそうらえども》」（同上）と一応の評価をしながらも、鉄道の専門家である鉄道局長の井上勝に諮問することにした。ところが、その回答はまことにつれないものであった。

大津長浜間銕道は到底官設ヲ必要トナスモノナルヲ以テ決シテ永遠ニ太湖瀛船会社ノ便ヲ借ル可ラス、早晩此線ニ着手スヘキハ論ヲ俟タス（同上）。

としながらも、

之ヲ中山道線工事落成ノ後ニスヘキヤ、又時期ニ依リ便宜工ヲ起スヲ得ルヤノ問題ニ至リテハ今遽《にわか》ニ之ヲ予言シ難シ（同上）。

と突っぱねている。井上の考えでは、水運という代替交通機関がある以上、この地方の鉄道建設は、中山道線の見通しがついた後で考えようという既定方針を曲げていない。

この結果、工部省は同年一一月一一日付けで、次のような指令を出すこととした。

書面之趣願意懇切ニハ候得共、鉄路布設ノ儀ハ一般経画上順序有之、目下建設之運ニ難到、勿論大津長浜間連接ノ線路ハ既ニ官設ニ確定致居候ニ付、都合次第工事着手可致、其機ニ臨ミ詮議ノ次第モ有之候条、其旨可相心得候事（同上）。

井伊直憲らは、一八八七年三月の関西鉄道創立に際しても、大津—長浜間鉄道の建設促進を請願し、再びその費用負担を申し入れているが、政府（といっても井上の意思）は動かなかった。

結局、この区間（米原《まいばら》—大津間。深谷—長浜—米原間は急勾配緩和のために長浜を通らない、近江長岡・醒ケ井《さめがい》経由線に改められた）は東海道線最後の開通区間として、一八八九年七月一日、ようやく完成、これをもって東海道線新橋—神戸間が全通したのであった。

千葉県に鉄道はいらない

水運の存在を理由に鉄道の建設を拒否する動きは千葉県でも起こっている。

一八八七年（明治二〇）末、武総鉄道（東京本所《ほんじょ》—千葉—佐倉—成田—佐原間）と総州鉄道（東京本所—千葉—佐倉—八日市場《ようかいちば》—銚子《ちょうし》間）という二つの私鉄計画がほ

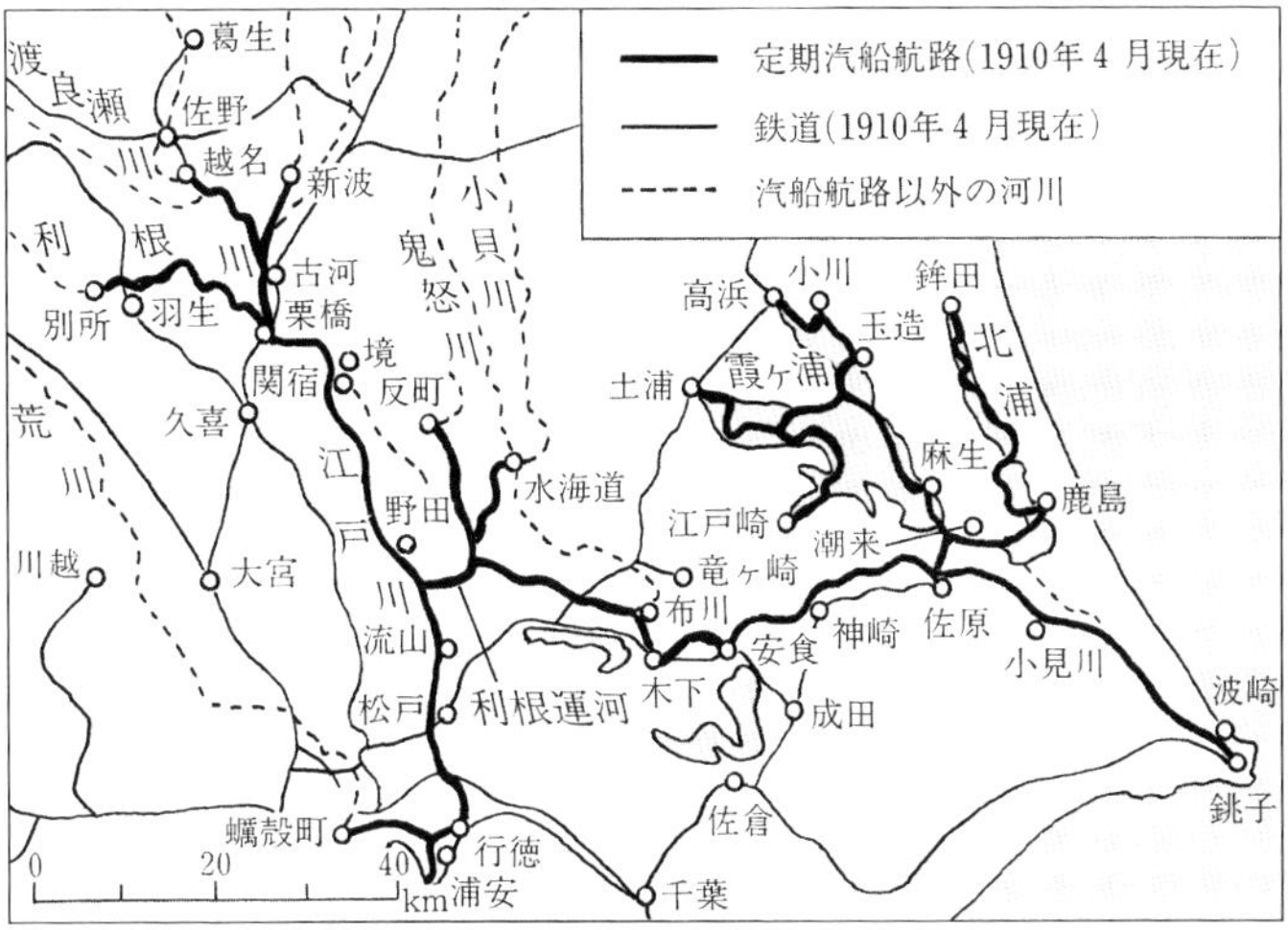

図13　明治末期の利根川水系の定期汽船航路と鉄道

とんど同時に発起、出願された。

これに対して、ときの千葉県知事船越衛《まもる》は次のような趣旨の副申《ふくしん》をして、はっきりと両鉄道の意義を否定した。

千葉県ノ地形タル三面環海ニシテ半島形ヲ為シ、又利根、江戸ノ二川アリテ舟楫《しゅうしゅう》ニ便ナルヲ以テ他県ニ於ケルカ如ク鉄道ヲ必要トスル理由ナク、若シ之ヲ敷設シタリトスルモ収支ノ関係太《はなは》タ疑ナキ能ハス（『日本鉄道史』上篇、一九二〇年、八九七ページ、句読点著者）。

確かに千葉県は江戸時代から江戸湾と利根川水系の水運によって江戸と深く結び付いていた。関東平野一円の農産物、あるいは銚子・野田などの醤油などは利根川水系の水運によって流通しており、それは明治時代に引き継がれていたのである。ただ、利根川と江戸川を利用するルートはいったん関宿を経由するためにかなりの迂回になる。このため、千葉県は、台地を掘削して両河川を短絡する利根運河の開削を計画していた。船越知事はその計画の熱心な支援者であった。確かに当時の貨物輸送では水運の運賃が鉄道よりもはるかに安く、一八八三年に開業した日本鉄道は貨物輸送不振で、運賃値下げ、あるいは特定品目の運賃割引を繰り返していたから、知事のいう「収支ノ関係太タ疑ナキ能ハス」という説明は必ずしも間違いではなかった。しかし、武総鉄道の発起人に佐原の伊《い》能《のう》権《ごん》之《の》丞《じょう》のような人物が含まれていることでもわかるように、本来水運によって生活してきた人たちが、鉄道を次代の交通機関として、大きな関心を持つようになっていたことも確かであった。

両社の創立願書を受け付けた鉄道局長官井上勝は、次のように述べて、その願書を却下した。

（前略）又其地方概《おおむ》ネ水運ノ便アリ、貨物ノ性質亦《また》必スシモ鉄道ノ如キ迅速輸送ヲ要セサルモノ多キヲ以テ、鉄道ノ運輸収入ハ決シテ予想ノ如クナラス、尚ホ頃日《けいじつ》利根、江戸両川ノ間ヲ開削スルノ計画アリト聞ケハ之ト競争スルニ至ルトキハ勢ヒ両立セサルヘシ（中略）以テ到底許可スヘキモノニ非ス（後略）（『日本鉄道史』上篇、一九二〇年、八九八ページ、句読点著者）。

しかし、両社の発起人たちは合同して、総武鉄道を創立することにし、本所―千葉―佐倉―八街《やちまた》間について、一八八九年二月に再出願した。そのときはすでに知事は交代していて、知事の石田英吉はこの路線は水運には関係ないとして賛成の副申をし、鉄道局も今度はあっさりと仮免状を発行したのであった。総武鉄道の仮免状取得を見て、その後、佐原や銚子に路線を伸ばす計画が出願されるが、いずれも却下され、結局、総武鉄道が八街から銚子に路線を伸ばす仮免状を得たのは五年後の一八九四年七月となった（開業は一八九七年）。

この頃までに水運の存在を理由に鉄道建設を拒否する鉄道局の姿勢は消えていたことになる。

市街地・河川・宿場町での反対運動

前述したように、既成の市街地の中に鉄道を建設するのは難しい。しかし、どうしても既成の市街地に鉄道を進入させることが必要になる場合もあり、その建設にあたり多くの困難に遭遇した場合もあった。

日本鉄道の秋葉原貨物線建設計画

前述のように、上野駅は一列に並んでいた寺の境内を転用した比較的細長い敷地で、旅客・貨物駅の機能、機関庫などの機能すべてを収容するにはスペースの余裕が小さかった。そのために、取扱い貨物の量が増大すると、貨物駅の機能を独立させて、これをとくに河川水運との結び付きに便利な場所に移す必要があった。このために選択された場所が秋葉《あきは》原《ばら》駅である。

秋葉原駅は、上野駅から線路を南下させて、神田川の北岸に臨む佐久間町の位置にあった。日本鉄道はこの貨物線を通常の新線ではなくて、上野駅構内の側線とみなし、簡易な手続きで建設するべく、一八八六年（明治一九）一二月一一日、東京府知事宛に次のような申請を行なった。

本社ノ営業ハ漸次線路ノ延長ニ随テ拡張シ、乗客貨物共専ラ上野停車場構内ニ輻輳《ふくそう》シ、就中《なかんずく》、貨物ハ其出入益々増加シ、該構内ノミニテハ狭隘ニシテ取扱上、不便ヲ生シ、且和泉橋、昌平《しょうへい》橋、万世《まんせい》橋等附近ノ各街ヨリ上野マテノ道路或ハ屈曲シ或ハ狭隘ニシテ通行ノ人馬及ヒ貨物運搬車馬共困難少カラス。依テ公共便利ノ為メ神田川ノ水便ニ拠リ昌平、和泉、両橋間ノ川岸ニ貨物取扱所ヲ設置シ、同所ト上野停車場トノ間、貨物運搬ノ為メ、線路接続シ度、別紙図面相添上願ス（『日本鉄道株式会社沿革史』第一篇、一二五五～一二五六ページ、句読点著者）。

翌年四月に鉄道局あてに提出した仕様書（抜粋）では、

一、線路両側ニ沿ヒ凡ソ一尺五寸毎ニ丸太ヲ掘建テ、高さ凡六尺ノ柵ヲ造リ、之ニ横板ヲ張リ牆壁《しょうへき》ト為シ以テ人畜ノ出入ヲ拒《ふせ》クニ備フ

一、線路踏切道（横切通路）ノ路面ハ通行ノ便ヲ主トシ、輪道ヲ除クノ外、総テ板或ハ石ヲ敷キ轍路《てつろ》ト高低ナカラシム。又柵ニ接シ堅牢ノ門扃《もんけい》ヲ設ケ、列車通行ノ時ハ之

ヲ柵ノ方ニ閉チ、線路上ノ通過ヲ阻止シ、平時ハ線路ヲ横切リテ閉鎖シ、線路内人畜等ノ出入ヲ防キ、且踏切道通行ノ安全ニ備フ

一、横切路ノ幅員ハ道路ノ広狭ニ依リ取設、且御指図ニ従ヒ相定可申事

一、横切路人馬往来ノ頻繁ナル場所ニハ番人相附け可申候。或ハ往来稀疎ナル所ハ番人兼勤為致候場合モ可有之候事（同上、一五六〜一五八ページ、句読点著者）

など、詳しい条件が申請されていた。これによれば、線路の両側には支柱の間隔一尺五寸（約四五センチ）、高さ六尺（約一・八メートル）の柵をめぐらして、線路内への人馬の侵入ができないようにし、踏切では可動の柵を設備して、列車の通るときは道路側を塞ぎ、通常は線路側を塞ぐ構造とする。主要な踏切には番人を置く、という計画であったことがわかる。

これに対して、鉄道局より内務省（実際は東京府の意見である）との協議結果が五月二〇日付けで、鉄道路線は高架線とし、道路はその下を通す（つまり立体交差）ようにせよ、また機関車の煤煙による沿線の火災を防止する措置を十分考えよ、という回答があった。その後どのような交渉が行なわれたのか不明であるが、会社側はかなり粘って許可条件緩和の交渉をしたのであろう。それから一年半もたった一八八七年一二月一一日には、会社の申請通りで許可する旨の命令書が下付された。翌年一一月には東京府からは線路用地の引渡しも受けた。会社は一八九〇年早々、建設工事にかかった。

地上線で走る鉄道への抗議運動

ところが、同年三月、東京市会は内閣総理大臣に宛て、鉄道敷設許可取消しの建議を提出してきた。要求事項は先の高架線と火災防止である。四月には東京府士族鈴木信仁ほか二四〇五名も同様の請願を出してきた。東京府は沿線住民の意思などは意に介さず、鉄道局と合意して許可を出したらしい。鉄道局は既定方針通り建設すべきことを回答した（『日本国有鉄道百年史』第二巻、一九七〇年、四五〇ページ）。

しかし、下谷区民の間で反対運動が高まり、前記の鈴木信仁が中心となって、四月二一日に集会を開き、五月二四日には京橋治安裁判所に「地平鉄道廃止勧解願」（勧解＝調停）の審理が行なわれた（同上）。鉄道局はこの事態にあわてたらしい。六月二一日には会社に対して貨物列車運転に関して通達を出した。

上野、佐久間町河岸間ノ線路タル踏切ノ場所多ク、為ニ往来ヲ杜絶《とぜつ》スルノ不便ハ固《もと》ヨリ避ケ難キ事、論ヲ竢《また》サルモ此不便ハ列車通過ノ回数ト共ニ増減スヘキモノナレハ、可成《なるべく》夜間往復稀疎ナル時ヲ以テ列車ヲ運転シ昼間ハ列車通過ノ回数ニ程度ヲ規定スルハ緊要ナルヲ以テ予メ左ノ方法ニ拠リ施行スヘシ

一、上野、佐久間町河岸間ノ貨物線ニ於ル列車運転ハ可成午後十時ヨリ翌日午前六時迄ニ可取扱事

一、午前六時ヨリ午後十時迄ニ前条貨物線ニ於テ列車運転ヲ要スル時ハ其回数往復各四回ヲ超過ス可ラサル事（『日本鉄道株式会社沿革史』第一篇、三五五ページ）

これを受けて、六月五日、会社が工事を再開すると、六月八日、下谷区民約三〇〇人の集会が開かれ、素志貫徹《そしかんてつ》が決議された。しかし京橋治安裁判所における調停は不調に終わり、区民総代は本訴を決意、さらに六月三〇日、東京市会の地上鉄道撤去の決議をした。

七月一四日、鉄道局は会社に対して、会社に次のような照会状を発した。

目下《もっか》布設中ナル上野停車場ヨリ神田区佐久間町河岸ニ至ル鉄道線ハ市区改正計画中ニアル新橋、上野間鉄道線ノ一部分ニ当り、該計画ハ市街ニ係ル分総テ高架ノ構造ヲ用フル筈ニ付、将来果シテ新橋、上野間、連絡線布設実施ノ時ハ上野佐久間町河岸間ヲ高架ノ構造ニ改築不相成テハ差支フルヲ以テ予メ社議定メ置カレ度候（『日本鉄道株式会社沿革史』第一篇、三五六ページ）。

七月一七日、会社は理事会を開いて、将来、新橋—上野間の連絡線を建設するときは、上野—佐久間町河岸間も高架線に改築することを決定し、これを鉄道局に回答した。会社のこの決定を受けて、東京市会は八月七日、反対運動の中止を決議したが、下谷区民側はこれに納得せず、一〇月四日、これまでの反対運動の経緯を発表して、運動継続を主張する。しかし、東京市会の軟化を見た会社側は既定方針通り工事を進め（工事を担当したのは鉄道局である）、一一月一日、秋葉原という駅名を与えられた新しい貨物駅と上野の間一マイル一五チェーン（約一・九キロ）を開業した。下谷区民の反対運動はこうして無視されたわけで、将来の高架線化という約束だけで、当初の計画通りの設備で地上線の路線が完成したことになる。会社は途中一〇ヵ所の踏切には番人を付けて安全確保に努力し、線路両側には柵も設けたのであるから、当時としては設備上の問題点はクリアされたと見てよいであろう。また貨物列車の運行がどのくらいあったのか記録がないが、明治期には一日数往復程度だったのであろう。

住民の意思が反映しない地方行政組織

この一連の秋葉原貨物線の建設に関わる事件の進展にはまだわからないことがたくさんある。当時の日本鉄道の建設工事は、鉄道局に委託され、用地買収も府県・郡などの「官」によって行なわれていた。東京府では多分、下谷区当局を通じて土地の買収を行ない、買収は当然、鉄道建設着工前に完了したはずで、一八八八年（明治二一）一一月には会社は東京府より土地の引渡しを受けている。最初に反対の火の手を上げたのは鉄道側の記録による限りでは、その一年以上後の一八九〇年三月、東京市会によるものであった。ではそれまで反対の運動はどのような経過をたどって行なわれていたのであろうか。このあたりの詳しい経過がまだわからない。

東京府における市町村制の施行は一八八九年五月であって、一八七八年七月の郡区町村編制法によって確定した一五区の範囲が東京市として成立した。しかし、このとき東京・大阪・京都の三市長は府知事が兼ねるという特例が設けられていて、実際には東京府知事が東京市長を兼任し、東京市は事実上東京府の直轄区域であった。この措置は地方自治の精神に背くものとして世論の指弾《しだん》を浴び、一八九八年に至って廃止されるのであるが、この時代の東京市の自治がはなはだ不完全で、住民の意思が制度的に東京府に十分通じる組織ができていなかったといえよう。東京府当局と住民とのちぐはぐな態度と行動はこのような制度上の問題として理解できるのではないか。

一一月一〇日、一〇ヵ所の踏切のうち、下谷町通りと相生《あいおい》町通りの二ヵ所は道路幅が広く、重い門柵をいちいち動かすのでは開閉に時間がかかるとして、会社は熟練した踏切番が縄索を操作して開閉したほうが速いという願書を出し、これが一一月二九日に許可されている。

もっとも、将来の高架線にする約束はすぐには実現しなかった。何と三〇年後の一九二五年（大正一四）になってようやく実現したのである。このとき秋葉原は電車駅を設備するとともに、珍しい高架貨物駅を併設することになり、関東大震災後にこの地に移転整備された東京青果市場と結び付いた貨物駅となった。

山陽鉄道の尾道通過問題

住民の反対を押し切り、既存の市街地に線路を建設した事例としては、一八九一年（明治二四）、山陽鉄道による尾道でのものがある。この場合は、山地が尾道水道に迫り、市街は海に沿って細長く延びていたから、鉄道建設のルートは他に選択肢がなかった。山中に長いトンネルを掘るルートを採用することは、当時の技術では難しかったからである。

現代の山陽新幹線は海岸よりもずっと内陸部をトンネルで抜けるルートで建設され、尾道の在来の市街とは大きく離れた位置に新尾道駅を設けている。

河川と鉄道のルート選定

全国的に見て、もっとも広く分布し、実例が多いのは、この種の反対運動であり、また、その起こった時代も明治期にとどまらず、大正、昭和期にも及んでいる。現代に起こってもおかしくない理由であるといえる。

日本の河川は雪解け、梅雨、台風などによって季節ごとの流量に大きな差があり、しばしば氾濫を繰り返していた。昔から治水《ちすい》は為政者《いせいしゃ》の最も悩んだ問題であり、明治期の平野、盆地では現代では想像もつかないほど河川の氾濫が頻発していた。明治中期に始まる高水《こうすい》工事は、河川にある程度の幅の河川敷を確保して、河流はその中を自由に流れるようにし、その両側に堅固な連続した堤防を築くものである。大河の下流部では大規模な放水路が掘削されて、異常時の増水分を本流から分離する方式も採用された。これらの新しい治水方法の採用によって、洪水の制御は大きく前進したといえる。しかし、明治期はこのような方式がまだ充分に確立せず、鉄道のルート選定に当っても沿線の住民（その大部分は農民であった）にとって、洪水との関係は最重要課題として意識された。

一般に鉄道は水田地域では築堤を造成して建設されるが、この築堤が従来の水利条件を変えてしまうことが多い。とくに築堤が等高線とほぼ並行に作られ、河川の流れる方向と直交するように配置されていると、上流域で洪水が起こった場合に、築堤がダムとなって、線路の上流側に洪水が滞水してしまう。もちろん築堤は完全に連続しているのではなく、橋梁や構橋、避溢《ひいつ》橋などによって上流側の滞水を下流側に流す空間がいくつか開いている。しかし、洪水量に対してこの空間が狭すぎると、滞水時間が長くなり、上流側の被害が大きくなる。いずれにせよ、この問題に対して農民が鋭敏に反応するのは当然であった。

また、鉄道が河川を渡る橋梁の位置についても、その付近の住民は大きな関心を持ち、いささかでも不利な条件が発生すれば、ただちに抗議の行動をとった。明治初期までの日本の橋は、川幅の広い大河を渡る技術においてきわめて低いレベルでしかなかった。

木造の桁橋《けたばし》では、木材の長さと強度に限界があって、多数の橋杭《はしぐい》を河床に打ち込み、比較的短いスパンの橋を作らざるを得ない。このような構造の橋は、季節によって水量の変化の大きい日本の河川では、一年に何回かある洪水・増水の際、強い水流ばかりでなく、上流から流されてくる漂流物によっても橋杭は簡単に破壊されてしまう。橋付近の地域社会には洪水のたびに破壊されてしまう橋をそのたびに再建する経済力はないので、多くの河川では橋を架けず、渡し舟か舟橋《ふなはし》（洪水時には撤去される）で両岸を往来した。

巷間、江戸幕府が防衛のために大河の架橋を禁じたという説が流布《るふ》しているが、実際には技術的にも、経済的にも橋を架けることは難しかったというのが正解であろう。たとえば、多摩川のような中規模の河川でも架橋は難しく、長い間、青梅より下流に橋はなかった。東海道が多摩川を渡る位置にある六郷橋は江戸時代初期の一六〇〇年（慶長《けいちょう》五）に最初の架橋がなされたが、その後、何回も洪水で流され、一六八八年（貞享五）七月に流失した後は長く渡し舟による交通が行なわれた。一八七三年（明治六）に至ってようやく架橋が実現したのであるが、江戸の防衛のためならば、多摩川は真っ先に架橋が禁止されるべき位置にあったはずである。東海道筋の富士、安倍、大井、天竜の諸河川の場合は、江戸防衛のためにはむしろ沿岸諸村に舟の所有を禁じた処置が大きな意味を持っていて、もちろん架橋は技術的にも、経済的にも無理であった。

鉄道の導入は、日本の架橋技術を根本的に変えた。それは鉄（後には鋼）の使用と鉄桁、トラス構造の採用によってスパンを大きく拡大すると同時に、少数となった橋台を鉄柱または石造り、煉瓦《れんが》造りで河床深く構築して、少々の上流からの漂流物の衝突によっても簡単に破壊されない堅固な構造としたことである。しかし、一般の人々はまだ在来の感覚で橋を考えていて、その信頼性を低く考え、大きな不安を持っていたから、架橋位置の問題には神経質に反応した。さらに建設費を少なくすべく、鉄道側が橋をできるだけ短く設計するために、橋の両端に築堤を氾濫原や遊水区域に延ばすことも行なわれたために（洪水時の流水幅がその分だけ狭くなる）、地元住民はこれにも強く反対した。

したがって、農業水利上の反対や橋梁位置に関する異議の申し立ては、鉄道に対する無知や偏見による反対とは基本的に異なるものであり、区別して考えなくてはならない。

京浜間・京阪神間鉄道と農民

京浜間鉄道の建設時においては、沿線の農民が鉄道用地として自己所有の田畑を買収されるのに反対した例を田中時彦氏が紹介している。

一八七〇年三月（明治三年二月）、品川県荏原《えばら》郡御岡村の名主《なぬし》、月村総右衛門ら、一四ヵ村の総代による請願で、鉄道敷設工事のために排水の便の悪い地区の水害時の被害、田畑の流失の恐れに言及して善処方を請願したものという。京阪神間鉄道の建設についても大阪府島上郡第一区桜井村戸長、清水四郎部らによる農耕の通路が塞がれたり、水利が悪化したりすることを理由とした請願があるという（田中時彦『明治維新の政局と鉄道建設』、吉川弘文館、一九六三年、二一一～二一二ページ）。

宇田正氏も、島上郡第一区の例については「鉄道線ニ相係ル農通道奉願候」という文書を提示しており、それには、一二ヵ所もあった農道が鉄道の敷設でたった三ヵ所を残して切断され、これでは「農業《のうぎょう》渡世《とせい》相続《そうぞく》難相成《あいなりがた》」いので、もう一ヵ所（場所指定して）増やしてほしい、という意味のことが述べられている。宇田氏はこの史料から村共同体の解体といっているが、これはいささか誇張した解釈であろう（宇田正『近代日本と鉄道史の展開』、日本経済評論社、一九九五年、六〇～六一ページ〈ただし、雑誌論文としての発表は一九六七年〉）。

お前の田畑に鉄道を通すので、土地を譲れといきなりいわれれば、誰でもびっくりする。農民がとくに関心を持ったのは、農業水利の悪化であった。線路用地を譲るのは仕方ないにしても、残された田畑の水利条件が悪くなっては困る。これに対する異議申し立てはその後も頻発したし、農民としては絶対に譲れない条件であっただろう。この問題は現代でも起こりうることであって、宿場町の鉄道忌避とは根本的に違うものである。

甲武鉄道の多摩川架橋問題

甲武鉄道が立川―八王子間の建設に当って、多摩川の架橋工事では、一八八八年（明治二一）三月、立川村ほか九ヵ村が連合して神奈川県知事（一八九三年まで、北・南・西多摩郡、いわゆる三多摩は神奈川県に属していた）に提出した「甲武鉄道玉川架橋之儀ニ付上願」を見ると、過去の水害の経験を具体的に述べて、地元の不安を正直に表現している。

（前略）玉川架橋ノ儀ニ付テハ、種々ノ風説相伝へ、目下聞ク処ニ拠レハ、右架橋ノ場所ハ北多摩郡立川村普済寺崖下ヨリ南多摩郡日野宿ノ間ニ測定相成、其工法ハ同寺崖下ヨリ田耕地ヲ経テ堤防迄凡《およそ》百八十間ノ処、高十数尺ノ築堤ヲ延長シ、夫《それ》ヨリ現在川原敷ヲ日野宿堤防マテ凡幅二百十間ノ所、橋台共十九鎖（チェーン、一チェーン＝約二〇メートル）（二百九間）ノ本橋架設相成《あいなる》趣《おもむき》、左《さ》ナキダニ、同所ハ沿岸近傍ニ於テ最モ地勢狭隘ナレバ、洪水ノ節ハ常ニ河水暴漲シ、直接ニ災害ヲ被ブルコト不尠《すくなからず》。然ルニ果シテ聞所ノ如キ工事ヲ施サレ候トキハ、洪水ノ際通流ヲ梗塞《こうそく》シ、立川村ハ勿論、上流各村ノ水層相増、耕地人家等ノ水災ヲ被ムルハ必然ノ儀ニテ、既ニ洪水ノ為メ災害ヲ被ムリシ実歴ヲ略陳セバ、寛保年間ニ上流作目村（今ノ田中村ニ合併ス）全村、其後文政年度ニ築地村全村悉ク流出シ、今ノ地ニ移住致候程ノ大害ヲ受ケ（中略）安政六年ノ如キハ、今般架橋ノヶ所、即チ普済寺崖下ノ半腹ヨリ南岸日野宿浄願寺辺及水上中神村辺ハ、同村居宅地ヨリ南岸東光寺字御茶屋ノ松近傍迄一円河水瀰《みなぎ》リ流シ、一点ノ青色ヲ見ズ。（中略）一同既往ノ経歴ヲ顧ミ将来ヲ慮《おもんぱか》ルトキハ、工法ノ如何に係ラズ、橋梁スラ架設セザルニ勝ルコト無之候《これなくそうら》得《え》共《ども》、該事業ハ私共ニ於テモ公益ノ為メ必用ノ事ト深ク相感居候ニ付、平穏ニ熟議《じゆくぎ》致度《いたしたき》目的ヲ以テ数回協議上、去二月中総代ヲ派シ、甲武鉄道会社ニ就キ工程ノ計画質問致候処、遂ニ聞知スル事不能（中略）玉川流末ニ架設シタル京浜間鉄道川崎橋架法ニ倣ヒ、普済寺崖下ヨリ本橋迄幅百八十間ノ間築堤ヲ止メ、之レニ換ユルニ水開キ橋ヲ架設セバ、将来水害ノ幾分ヲ免ルベクト固信《かたくしんじ》仕《つかまつり》候《そうろう》（後略）（『日本国有鉄道百年史』第二巻、一九七〇年、五〇九ページ、句読点・濁点は『百年史』編者、原文は立川市『鈴木家文書』）。

住民は、鉄道側が多摩川の氾濫原に築堤を築き、洪水時の川幅を狭めることに不安を抱いているのである。橋などないほうがよいのだ、とすらいっている。このくらい橋に対する不信感を持たれては、説得は難しかったのではないだろうか。工事を直接担当していた鉄道局は、工事の明細を出願者に示したが、納得を得られなかった。六月には彼らは再度、工事計画の変更を願い出た。これに対して、神奈川県知事は七月一六日、ついに北多摩郡長宛に出願は認められない旨の訓令を発した。

其郡立川村人民総代鈴木平九郎其他ノ者ヨリ出願ニ係ル甲武鉄道線路多摩川橋梁工事変更ノ件ハ、受持技術官ニ於テ安政六年ノ洪水ヲ目的トシ充分ノ水積ヲ算定シ尚安全ノ余裕ヲ見込タル趣、其筋ヨリ回答アリ、依テ其旨伝達シ別紙書類却下スヘシ（同上、五一〇ページ、句読点著者）。

実際に現在の中央線の線形を見ると、多摩川の第二段丘（立川段丘）上にある立川駅（標高八一・七メートル）から西進した下り電車はやがて左に半径八八〇メートルの曲線を描きながら一

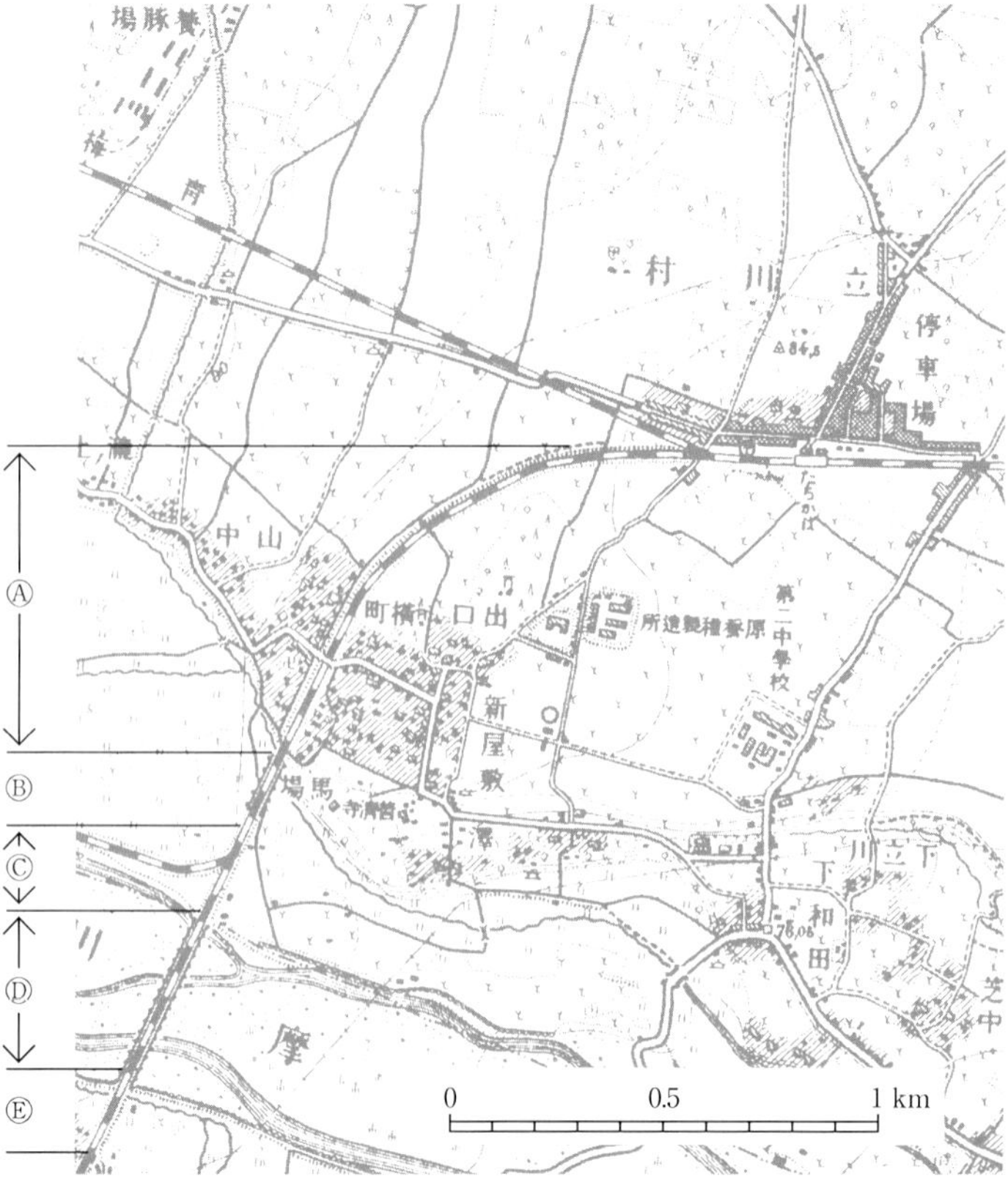

図14　甲武鉄道多摩川橋梁の位置

（大正10年測図2.5万分の1地形図をもとに作成）

Ⓐ堀割区間約780m，Ⓑ根川橋梁約130m，Ⓒ築堤部分約260m，Ⓓ多摩川橋梁約440m，Ⓔ築堤部分．なお，Ⓑ～Ⓔが明治初期の多摩川氾濫原

〇‰の下り勾配で第二段丘を掘り割った線路を進み、標高約七八㍍まで降りる。願書にも出てくる普済寺という寺院は段丘の端に位置していて、その段丘崖（比高約一〇㍍）の下を根川（現残堀川《ざんぼりがわ》）という小流が流れている。段丘の端部から約一三〇㍍の根川橋梁を挟んで、約二六〇㍍にわたって問題となった築堤が伸びており、この部分がかつての洪水時の氾濫原である。その先に長さ四四〇㍍の橋梁があって多摩川を渡る。当時は現在のような強固な堤防はなく、洪水時には川幅は根川の位置、すなわち段丘崖の下まで拡がったはずであるから、住民はこの築堤が上流部の滞水を助長すると主張したわけである。江戸時代以来の橋の感覚で判断する農民の心配は鉄道技術者の常識とは噛み合わないのである。

土浦線の江戸川架橋問題

本書八三ページ以降で取り上げた日本鉄道土浦線の建設において、飯島章氏は、江戸川橋梁の架設について、一八九四年（明治二七）九月二四日、埼玉県北・中葛飾郡の二九町村の町村長が連名でその設計変更を要求したこと、さらに一二月二八日、翌年一月九日にも、同じ趣旨の願書が提出されたことを紹介している（飯島章「日本鉄道土浦線の路線策定をめぐって—龍ケ崎・流山の鉄道忌避伝説批判—」『茨城史林』一八号、一九九四年、二一八〜四六ページ、原文書は、埼玉県行政文書『土木部鉄道』）。

その要求は下流に建設された総武鉄道の橋梁によって増水時の水位が二尺（約六〇㌢）

以上、上がったとして、河中に橋脚を設けず、吊橋《つりばし》方式を採用し、橋梁の左右の築堤にも排水口を設けることであった。つまり、橋梁より上流の農村の人々は河中の橋脚によって洪水時の水勢が押し止められて、上流部の水はけが悪くなると考えたのであるが、この考えは鉄道橋が江戸時代の木橋並みの狭いスパンで建設されると誤解していることによるようである。スパンの長い鋼製の桁橋やトラス橋の構造は、彼らの想像外の土木構築物であった。それに鉄道も吊橋で渡れといわれては、鉄道側はとんでもないといわざるを得ない。

一八九五年四月一三日付けで内務省土木局長と土木技監から埼玉県知事に提出された文書では、

「逐一調査ヲ遂候処《とげそうろうところ》、江戸川筋松戸・金町間ニ架設スヘキ鉄橋ニ就テハ、橋脚ノ為メニ洪水敷ノ減縮に依リ生スヘキ水位ノ隆起ハ、其最モ大ナリト認ムヘキモノニシテ纔《わず》カニ一寸五分七厘ニ過キ」ないので「鉄橋架設ノ為メ、水理上別段禍害無之《これなき》ニ付、本件ハ御詮議及ハレス候上、右様御了承有之度《みぎようごりょうしょうこれありたく》」（同上）

とある。近代的な橋梁についての情報とその理解は、一般の農民にはまだまだ縁遠いものであった。

頸城軽便鉄道への異議申し立て

次に挙げる史料は、新潟県西部の頸城《くびき》地方の実例で、一九一二年（明治四五）二月に免許申請した頸城軽便鉄道の建設ルートに異議を唱えた同年一二月提出の陳情書で、沿線農民の意識をよく表現し、また過去の実態描写もなかなか生々しい内容の文書である。

頸城軽便鉄道発起者ノ線路実測ニ徴スレバ、北越線黒井駅附近ヲ高架跨線シ、下記大字《おおあざ》ノ北方幾百町歩ノ水田ヲ横断スルノ予定ト推断ス。右ハ洪水時ノ湛水《たんすい》ト用水時ノ給水ニ無限ノ惨害ヲ招致シ、一部住民ノ現住ニ安ンズル能《あた》ハザルモノアルヲ以テ、別紙図面ノ如ク、各大字ノ南方ナル畑地ニ布設地点ヲ変更シ、築堤ニヨル高架跨線ハ湛水ノ障害トナラザル仕様ヲ選択スベキ様再三発起者ニ交渉候ヘ共、未ダ要領ヲ得ル能ハズ、心痛ノ余、予《あらか》ジメ閣下ノ御清鑒《ごせいかん》ヲ仰ギ、発起人ヲシテ布設地点幷《ならびに》高架ノ設計ヲ変更ナサシメ、一意現住ニ安ンジ、水田ノ荒廃ヲ免レント欲シ、敢テ実状上申仕候

北越線建設以前ノ洪水ニハ大字西福島ノ東西部落間ノ自然底地面ヲ北ニ流レ、荒川河口ニ流出ス。故ニ人家ノ侵水ノ如キ未ダ嘗《かつ》テ知ラザリキ。明治廿九年該鉄道建設セラレ、翌三十年ノ洪水ニ際シテハ線路築堤ニヨリ流出口ヲ遮断セラレタル為、前代未聞ノ湛水トナリ、大字西福島以東ノ人家幾百戸ニ浸水シ、危機刻々ニ迫マル。狼狽セル

住民ハ流水ノ唯一方法ナル鉄道線路ヲ決潰《けっかい》排水シテ、僅カニ危急ヲ脱シタリキ。不幸ニシテ事法網抵触ノ嫌疑トナリ、時ノ村長関根干城外三十余名ノ村民、満一ヶ年ノ年日月、鉄窓ノ下ニ苦吟《くぎん》シタルガ如キ悲惨極マル歴史ヲ有スルニ至レリ。其ノ後洪水ノ都度湛水ノ惨状ヲ目撃セル当局者ハ村民ノ要求ヲ諾《だく》シテ、明治三十九年、自然ノ流出口ナリシ姫川古川敷ニ排水口ヲ開設シタルモ、径間狭小ニ大シテ効力充分ナラズ、湛水除害ノ講策ハ住民ノ日々忘ルル能ハザル処ナリ。若シ本線実測ノ路線ニヨリ高架跨線ノ築堤セラレタル上ハ、西福島以西ノ数大字ハ一面河流ヲ擁して丁字形ノ築堤ニ包囲セラルルヲ以テ、湛水ノ増大ハ住民ノ現住ニ安ンズル能ハザル而已《のみ》ナラズ、延《ひ》イテ上流ノ各大字ニ波及シ、其ノ惨害現時ニ弐倍スルヤ必セリ。之レ築堤ニヨル高架跨線ヲ非トシ、湛水ノ障害トナラザル仕様ノ選択ヲ望ム所以《ゆえん》ナリ（後略）（「頸城軽便鉄道付設地点並設計変更ノ儀ニ付上申」〈新潟県中頸城郡大瀁《おおぶけ》村大字西福島　関根干城ほかより内閣総理大臣宛上申書〉、『鉄道省文書』免許編・頸城鉄道・巻一所収、句読点著者）。

この地域は新潟県上越平野の穀倉地帯で、広い水田地域である。頸城軽便鉄道は、信越本線の黒井駅（中頸城郡大瀁村）を起点として、浦川原《うらがわら》（東頸城郡保倉《ほくら》村）に至る軌間七六二ミリ、営業キロ一五・〇キロの小規模私鉄であり、同年八月に軽便鉄道として免許されて、一九一四年（大正三）一〇月に新黒井―下保倉間を、一九一六年五月に下保倉―浦川原間

図15　西福島付近の河川と鉄道の関係
（昭和27年測図5万分の1地形図をもとに作成）

を開業した。第二次世界大戦後まで営業を続けたが、一九六八年（昭和四三）一〇月一日に新黒井―百間《ひゃっけん》町《まち》間と飯室《いいむろ》―浦川原間を、一九七一年五月一日に残る百間町―飯室間を廃止した。現在このルートには一九九七年（平成九）三月開業の北越急行の路線が走っている。

　地形図によって、北越鉄道（現在のJR信越線）の線路、および保倉川、西福島の位置関係を見ると、保倉川とその支流が洪水となると、西福島付近を含む両者には挟まれた三角形の地域に湛水する可能性のあることがわかる。頸城軽便鉄道の路線が完成すると、湛水域の面積がさらに狭くなって、三角形の先端に近い西福島付近はますます湛水の危険が大きくなるだろう、とこの陳情書は主張している。もっとも、この陳情書でいうところの頸城軽便鉄道の「高架」は実は両側の水田との比高がせいぜい四〇～五〇チセン程度であって、確かに湛水の原因にはなるかもしれないが、あまりひどいものではなかった。この陳情書の生々しさは、一八九七年の水害の際に村民が湛水を防ぐために、北越鉄道の築堤を破壊し、当時の村長で、この陳情書の筆頭に名前を連ねた人物、関根干城がこのためにかつて罪に問われたと述べていることである。こんなことが二度とあってはならないとする主張と、これでまた水害が起こったならば、また同じ事件が起こるかもしれないよ、という凄みを利かしている文書である。ただ、攻撃の対象となった頸城軽便鉄道の建設ルートが大きく変更された事実はないようなので、この文書では水害の可能性を多少誇張して主張しているのかもしれない。

水田地域に建設された鉄道については、各地に類似した事例を見ることができる。明治末期以降になると、全国の中小河川でも河川敷を広く取り、堤防を強化する方式が採用されるようになるので、農民によるこの種の心配は減少するのであるが、やはり後の時代にまで続く鉄道への異議申し立てであった。

日本硫黄沼尻軌道線への異議申し立て

次に掲げる史料は、耕地整理が終わった直後に鉄道通過計画が発表され、これによってようやく決着した耕地整理の条件が変わってしまう事態を恐れた農民たちのルート変更要求である。

軌道敷設之儀ニ付願

今般軌道敷設ニ係ル当川桁線之儀ハ未タ起工ノ御許可無之哉《これなきや》ト伝承仕候処、其通過スル線路ハ我々祖先伝来ノ田畑ニシテ他ニ副業モ無之、此上多数ノ潰地《かいち》トナリ、殊ニ昨年漸ク耕地整理ノ成功ヲ遂ケタルモノ大部分ニシテ、此耕地ヲ横断セラレ候テハ営利会社ノ為メ却テ我々部落民生計ノ途ヲ失フルニ至ルヤ必然ニ有之　候　間《これありそうろうあいだ》、土地買収ノ協議ニハ断シテ承諾不　仕　候《つかまつらずそうろう》次第ニ付、該線路ノ起工御認可無之様《これなきよう》、不取敢《とりあえず》総代連署ヲ以テ奉　懇　願《こんがんたてまつり》候也（福島県耶麻《やま》郡長瀬村白津地区総代神九十九ほか一五名の鉄道院総裁宛願書〈明治四五年四月三日付け〉、『鉄道省文書』免許編・日本硫黄・巻一所収、句読点著者）。

福島県耶麻郡沼尻の硫黄《いおう》鉱山から鉱石を積み出すために、磐越西線川桁《ばんえつさいせんかわげた》駅から延長一五・六キロの路線を建設し、一九一三年（大正二）五月一一日、まず馬車軌道として開業し、翌年一月に蒸気軌道に変更された日本硫黄沼尻軌道線に関わる文書である。当初は里道上に併用軌道として建設する予定であったが、後に列車運転上の便宜を考慮して、専用軌道

図16　日本硫黄軌道線の併用軌道と列車が左側に見える
（白津地区，1964年著者撮影）

敷設に計画変更をした。しかしようやく耕地整理を完了したばかりの地域社会では、線路の通過で水利の土地条件が変わることを恐れ、また耕地面積の減少を嫌った。結局、沿線となる多くの集落では最終的に会社の説得に応じたが、白津地区とその北側に隣接する内野地区は反対の主張を貫き、この区間だけ道路上に線路を建設する併用軌道が実現した。

　日本硫黄軌道線（後に地方鉄道線に変更）は第二次世界大戦後まで営業を継続した。ところが、一九五〇年代後半に輸入原油の精製過程で抽出された硫黄が商品化されたために、日本中の硫黄鉱山は閉山した。このため会社は日本硫黄観光鉄道、次いで磐梯《ばんだい》急行電鉄と社名を改めて、観光開発事業への転換による生き残りを図ったが、結局、一九六八年（昭和四三）八月に倒産し、鉄道線も同年一〇月一四日に休止、翌年三月に正式に廃止が認可された。

宿場町の鉄道建設反対―参宮鉄道―

鉄道忌避伝説の中で最も人口に膾炙《かいしや》しているのが街道筋の宿場町による反対である。本書の冒頭で宿場町による鉄道忌避に対する疑問を投げかけたが、実はきちんと文献の上で確認できる宿場町の反対運動が一つだけある。それも鉄道当局側の正史ともいうべき『日本鉄道史』に、根拠となる文書の要旨を掲げて、紹介しているのである。

『日本鉄道史』上篇（九〇六～九〇八ページ）の参宮《さんぐう》鉄道の項にそのいきさつが述べられている。参宮鉄道は、三重県津から山田（現伊勢市）に至る鉄道計画で、一八八九年（明治二二）八月、私設鉄道として免許が申請された。起点が津になったのは、すでに関西鉄道が亀山―津間の鉄道敷設の免許を与えられていて、津までは近いうちに鉄道が開通することが確実視されていたからであり、事実、一八九一年には鉄道が開通している。この鉄道はもちろん伊勢神宮への参拝客の輸送をもくろんだものであり、鉄道局側にはとくに問題もなく同年一一月に仮免状が下付された。

会社側は翌一八九〇年五月、線路実測を終り、六月一六日に本免許状の下付を申請したのだが、ここで反対の意見が出された。鉄道沿線になるはずの松阪《まつさか》町在住の加藤伊蔵ほか五〇八名が連署して「参宮鉄道布設延期相成度ニ付請願」と題する陳情を内務大臣宛に提出してきたのである。『日本鉄道史』が要約した文書の内容は次のようなものであった。

鉄道ハ文明ノ利器ナリト雖《いえども》、若シ一箇ノ営業タルニ止マリ国家ノ必要ヨリ出テタルモノニ非ザルトキハ之カ他ノ営業者ニ及ボス影響ヲ顧ミ、他業ニ転ズルノ時日ヲ仮スヲ以テ至当トスベキニ、当時知事山崎直胤ハ沿道各村ノ人民ニ対シ更ニ何等ノ手続ヲモ尽サズ、之カ為俄然仮免状ノ下付アルヲ聞クニ至リタルハ実ニ青天ノ霹靂《へきれき》ニ異ナラズ。抑〻《そもそも》伊勢街道ニ居住スル人民ハ千数百年来直接又ハ間接ニ彼ノ参宮道者ナルモノニ拠テ衣食シ、永ク神徳ノ恩波ニ浴シ、子孫相伝ヘテ今日ニ至レリ。然ルニ一朝ニシテ鉄道敷設に遇ハバ忽チ営業上ノ目的ヲ失ヒ、為ニ非常ノ困難ニ陥ルベキヲ以テ、他業ニ転ズルノ時日ヲ仮スニ非ザレバ、唯周章狼狽《しゅうしょうろうばい》ノ外ナカラントス。尤《もつと》モ鉄道事業ニシテ国益上緊要ノモノナランニハ仮令《たとい》一部人民カ生計ヲ失フモ亦《また》已《や》ムヲ得ザランモ、彼ノ参宮鉄道タルヤ逍遥《しょうよう》的ノモノニシテ物産ノ発達、人智交通、若クハ軍用等ニ益スルモノニアラズ。依テ五箇年間其敷設ヲ延期シ沿道人民ニ仮スニ転業ノ余日ヲ以テセラレタシ（句読点著者）。

要するに、従来伊勢神宮への参詣《さんけい》者によって生活してきたのに、鉄道が開通することによって生業を奪われる。免状を与えるのは転業の時間的余裕を見て五年間だけ待ってほしいというのであった。

ところが上記の請願書を追うようにして、七月一〇日付けの第二の請願書が今度は内閣総理大臣宛に送り付けられてきた。請願の目的は同じであるが、表現はもっと激烈であった。請願者は斎宮《さいぐう》村の森島伝治郎ほか一一六名であった。

> 参宮鉄道ハ本県南方ニ僻在シ軍備ノ用アルニ非ズ。物産運輸ノ要アルニアラズ。唯参宮旅客ノ便ト一小部人民交通ノ益アルニ過ギザルベシ。抑々《そもそも》南勢地方の繁盛ハ参宮旅客ノ休憩宿泊ニ依テ維持セラル。故ニ今鉄道ノ敷設アルニ方《あた》リテハ行旅《こうりょ》跡ヲ絶チ、人民業ヲ失フベシ。要スルニ該鉄道ノ如キハ国家ノ要具ニ非ズシテ、浮華ノ装飾物タルニ過キズ。其之ヲ敷設スルハ十年ヲ遅クスルモ可ナリ。二十年ノ後ヲ期スルモ不可ナシ。希《ねがわ》クハ該鉄道ノ敷設ヲ中止セラレンコトヲ（句読点著者）。

内閣から回送された二通の請願書に対する鉄道局長井上勝の八月一六日付けの政府宛回答も歯に衣《きぬ》を着せぬ激しい内容であった。

> 此《かく》ノ如キ苦情ハ鉄道到ル所ニ必ズ之レアリ。皆自ラ道理ニ屈シテ言ハザルノミ。且ツ願面沿道人民 悉《ことごと》ク活路ヲ失フ如ク称スト雖、数郡ニ亙《わた》ル人口は幾万ヲ算スベク、僅ニ六百余名ノ少数者カ唱ヘルトコロヲ以テ沿道全体ノ景状トハ看做《みな》シ難《がた》カラン。而《しか》シテ此請願ノ挙タルヤ別ニ事情目的ノ存スルアリテ、実際ハ必ズシモ請願者ノ謂フ所

ノ如クナラズト伝聞スルモ、民情ヲ考察スルハ別ニ其当局者アルベシ（句読点著者）。

こんな意見が多数意見なものか、本当の理由は別のところにあるのだろう。そのようなことをよく調べるのが県当局の仕事であろう、と突っぱねた回答である。

そこで内務省が実態を調査したところ、「自ラ為ニスルモノアリテ沿道人民ヲ教唆《きようさ》シタル結果ナルコトヲ認メタレバ、政府ハ断然是等ノ請願ヲ郤《しりぞ》ケ」、八月一八日付けで参宮鉄道発起人に免許状を与えた。「自ラ為ニスルモノ」とはいかなる理由なのか、『日本鉄道史』には何も書いてはいないが、沿線地域社会の有力者間の反目があったのかもしれない。

鉄道側の記録であるから、鉄道を忌避した人々の気持ちをどの程度斟酌《しんしやく》したかは疑問であるが、当時としても、このような理由での鉄道反対は一般民衆の気持ちとはいささか離れていたのではないだろうか。当時の宿場関係者は多少不満はあっても、明治も二〇年代に入っていれば、内閣総理大臣宛の文書まで出して「絶対反対」を表明したのはやはり珍しいといえよう。

松阪も斎宮も伊勢街道に臨む集落（松阪は城下町でもあった）で、従来伊勢神宮への参詣客の通過で潤っていたことは間違いない。二通の請願書に共通しているところは、宿場関係者が仕事を失うということのほかに、参詣という行為は文明開化とも、あるいは近代化とも関係がないと言い切っていることである。大体参詣客を運ぶ鉄道などというものは

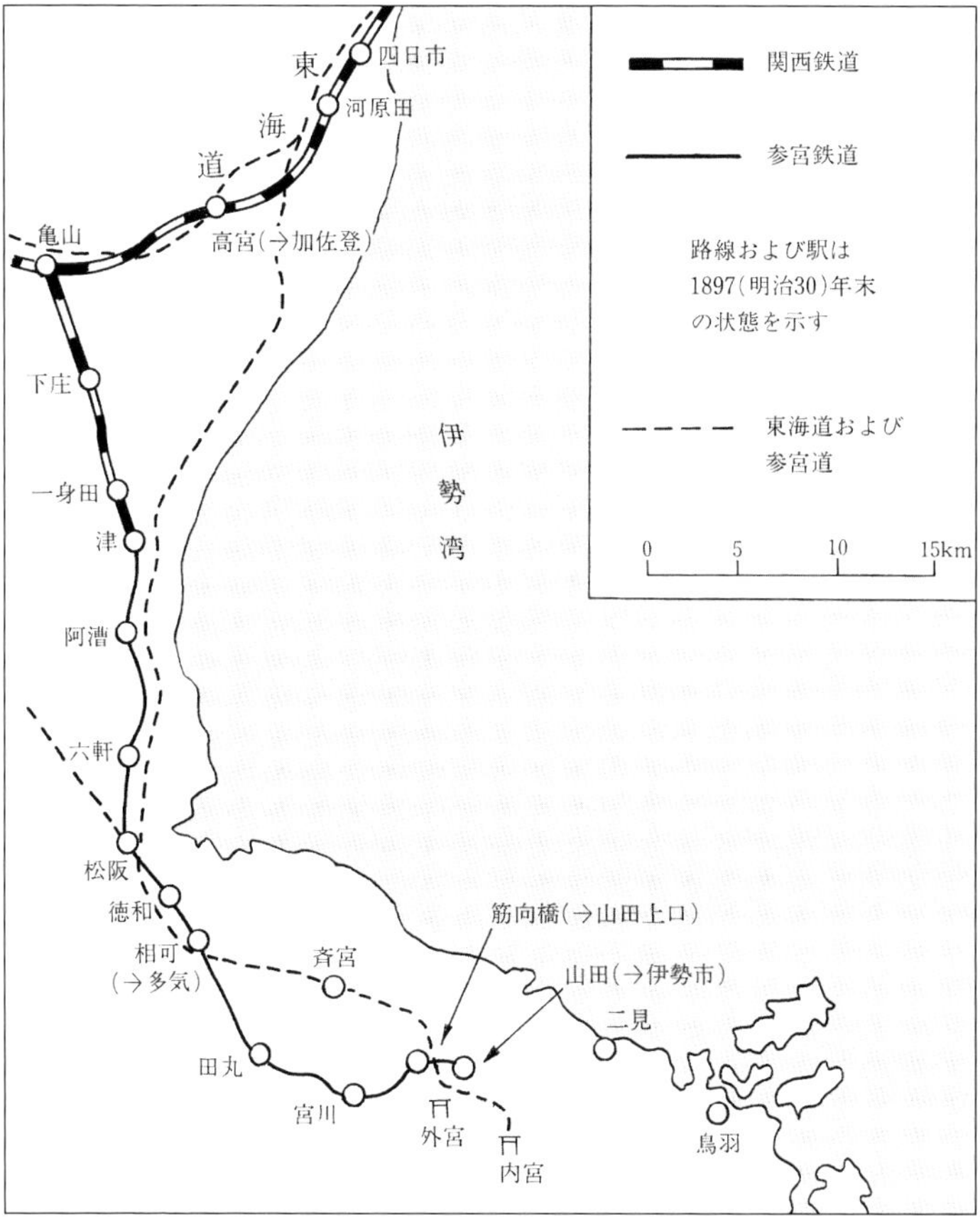
関西鉄道
参宮鉄道
路線および駅は
1897(明治30)年末
の状態を示す
東海道および
参宮道
0
5
10
15km
東
海
道
四日市
河原田
亀山
高宮(→加佐登)
下庄
一身田
津
阿漕
六軒
松阪
徳和
相可
(→多気)
斉宮
田丸
宮川
筋向橋(→山田上口)
山田(→伊勢市)
外宮
内宮
二見
鳥羽
伊
勢
湾

図17　参 宮 鉄 道 路 線 図

「逍遥的」であるといっている。逍遥とは中国の古典『荘子』を出典とする言葉で、ただ目的もなく「ぶらぶら歩く」「そぞろ歩く」という意味である。参詣客というものをその程度にしか評価していないわけで、そんな客を運ぶことは、何ら経済的、あるいは軍事的な価値はないといっているのである。神宮への参詣などは「遊び」だから重要なものではない、と請願者たちが本当にそう思っていたのかどうかはわからない。そう書けば富国強兵に熱心だった当時の役人たちの同意を得られるのではないかと考えたのかもしれない。こんな鉄道の建設は一〇年や二〇年遅れてもかまわないのだとまで言い切っている。鉄道熱の盛んな一八九〇年という時期でも、このような考えはやはり存在していたのである。

宿場町による鉄道忌避がはっきりとした文書の上で現在までに残されているのは、この参宮鉄道への忌避が後にも先にも唯一の事例である。

ちなみに、無事に本免許を与えられた参宮鉄道は、一八九三年に津―宮川間を、一八九七年に宮川―山田間をそれぞれ開業して、当初の目的を果たしたが、一九〇七年に国有化されて、旧関西鉄道の亀山―津間と統合されて、参宮線となり、一九一一年に鳥羽に延長された（当時はこの区間のみ鳥羽線と称したが、のちに参宮線に編入された）。第二次世界大戦後に紀伊半島海岸部を一周する紀勢《きせい》本線が全通すると、亀山―多気《たき》間は紀勢本線に編入され、参宮線は多気―鳥羽間の短区間のみとなった。

その他の反対運動

天文台対鉄道

旧甲武鉄道境停車場ヨリ多摩町（ママ）大字是政《これまさ》ニ至ル多摩鉄道敷設ノ計画有之《これある》由ニテ目下測量中ニ有之候処、該線路ハ若シ余リニ天文台敷地ニ接近致シ候テハ観測事業ニ大障碍ヲ来シ候ニ付、右敷地ヲ中心ヨリ少ナクトモ拾八町ノ距離ヲ隔テ、敷設相成様御取計相成度、別紙図面相添此段及御照会候也

明治四十二年八月十日

東京帝国大学理科大学附属
東京天文台長　理学博士　寺尾　寿

東京府知事　阿部　浩　殿

（『鉄道省文書』免許編・多摩鉄道所収、句読点著者）

当時、東京天文台は東京市芝区芝公園にあった。現在の東京タワーの位置で、日本の経緯度原点がある。周辺が市街地化して、天体観測に支障をきたしつつあったので、郊外への移転を計画していて、三鷹村大沢に用地選定に取り掛かっていた。実際に移転したのははるか後年の一九二五年（大正一四）になる。

一方、多摩鉄道は、多摩川の川砂利を採掘、輸送する目的で計画された鉄道であり、一九〇八年（明治四一）一一月に境―是政間の仮免状を受けていて、翌〇九年二月には多磨村常久地先約一四万坪について二〇年間の採掘権を得ていた。

要するに、天文台予定地の近くに鉄道が通ると観測に支障を来たすので（多分、振動や機関車の煤煙を心配したのであろう）、もっと遠くを通せというのが天文台側の主張である。その距離が一八町（約一九六四㍍）以上という理論的根拠はよくわからないが、当時の人々が距離の単位として慣用していた一里（＝三六町）の半分という目安だったのであろう。

これに対して、多摩鉄道側は「天文台敷地中心ヨリ拾八町ヲ隔テ、敷設スル時ハ本会社計画ノ根本ニ大障害ヲ来ス事ト相成、到底堪ユル処ニ無之《これなし》」（同上文書、句読点著者）と反論した。このように天文台と鉄道はお互いに文書の上で「大障害（碍）」を申し立てて対立したのであるが、天文台から提出した地図も、鉄道側の申請書の地図も文書綴りから失

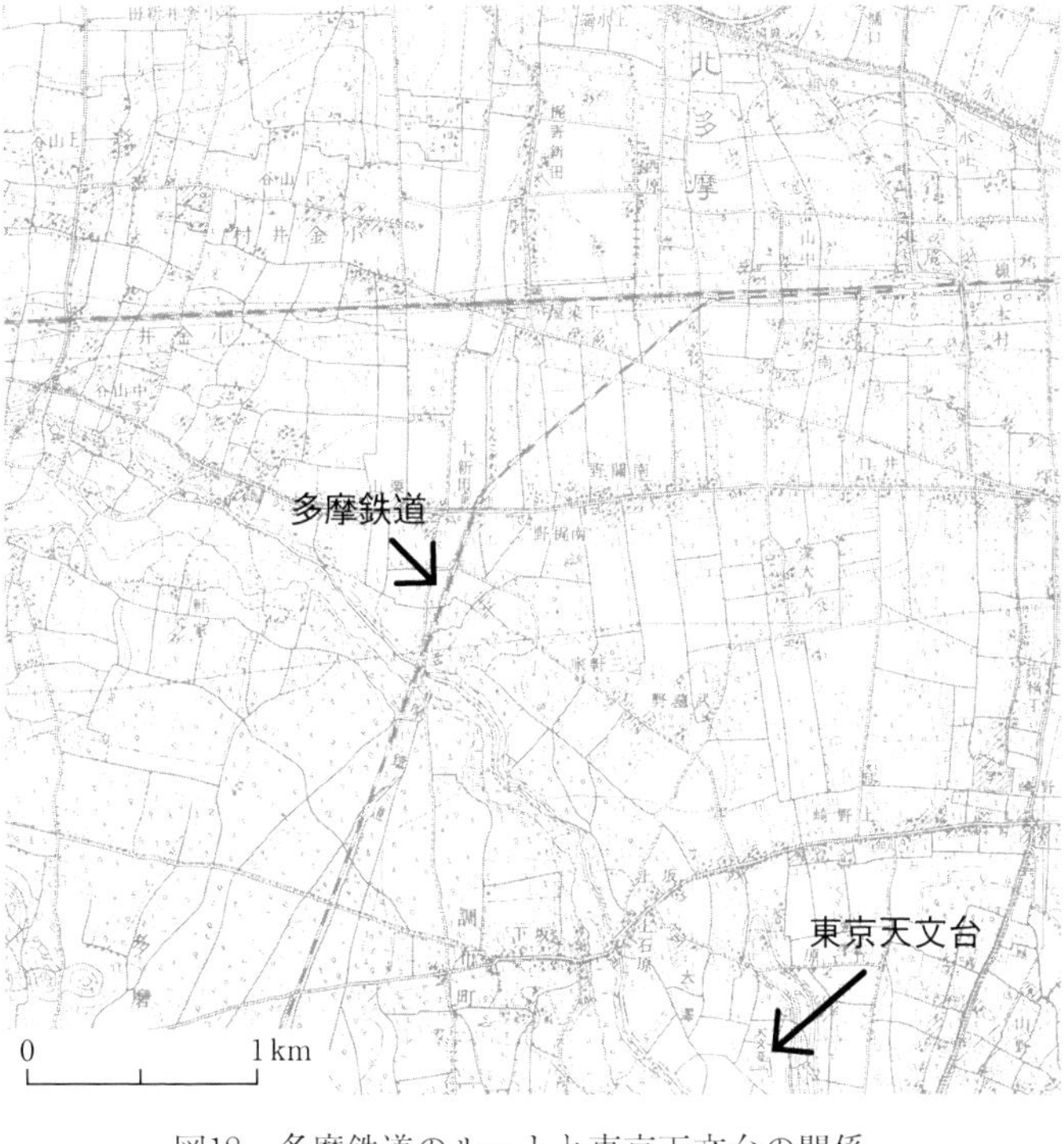

図18　多摩鉄道のルートと東京天文台の関係
（大正６年測図2.5万分の１地形図をもとに作成）

われているので、この問題がどのように決着したのかはわからない。しかし、現在の線路がとくに迂回した形跡はないので、鉄道院は会社の申請通りの線路を認めたらしい。ちなみに現在の地図で見ると、天文台の位置から線路までの最短距離は約一七〇〇メートルである。天文台側の過剰反応と見るべきであろうか。

結局、多摩鉄道は一九一七年から二二年までかかって、免許区間の全線を開業し、この頃から次第に需要の高まった砂利の採掘と輸送に活躍した。現在の西武鉄道多摩川線である。人家の少なかったこのあたりも、広い公園墓地である多磨霊園が開設され、完全な住宅地域になっている。もちろん多摩川の砂利採掘はすでに一九六四年（昭和三九）に禁止されていて、往年の貨物鉄道の面影はない。一方、東京天文台もすでにこの地には敷地が残るだけで、すでに観測業務はなく、今では乗鞍山頂で観測が行なわれている。

馬車鉄道建設に対する反対

先にも述べたように、馬車鉄道は沿道の農民には嫌われた。狭い道路を民家の軒先を結構早い速度で走って、日常生活に危険であった上、田舎の馬車鉄道は通常は単線であり、行き違い列車の待ち合わせ場所では、馬がよく糞尿を垂れ流すことも大きな問題であった。

次に挙げる千住馬車鉄道は、東京府南足立郡千住町千住中組（現在の東京都足立区千住橋戸町付近、千住大橋北詰）を起点とし、陸羽街道（奥羽街道）上を北上して、埼玉県北足立郡草加町などを経て南埼玉郡幸手《さって》町に至る、総延長二八マイル（約四五キロ）、軌間二尺五寸（七六二ミリ）の馬車鉄道で、一八八九年（明治二二）六月に出願された。この馬車鉄道の発起から廃止に至る過程については、『千住馬車鉄道』（『春日部市史』別冊、春日部市教育委員会市史編さん室編、一九八四年、執筆者は老川慶喜氏）に詳しい。以下、これに基づいて反対運動を叙述してみよう。

千住馬車鉄道に対しては、千住町やその北方に繋がる梾（梅）島村、竹塚村、伊興村（いずれも現在の東京都足立区内）など、沿道の村々から軒並みに反対運動が起こった。その一つである梾島村からの「懇願書」を一瞥してみることとする。

梾島邨民《そんみん》一同懇願之要領左ニ

陸羽街道之義ハ幅四間之規定ナレトモ、甚シキハ三間内外之場所モ之アル狭隘之道路ナルニ車馬ノ往復甚タ繁ク、困難不尠《すくなからず》、然ルニ頃日《けいじつ》聞ク所ニヨレハ、千住馬車鉄道会社ヲ設立シ、同町元五丁目ヨリ本邨、淵江等之各邨ヲ経テ埼玉県北葛飾郡杉戸町辺ニ至ル鉄道布設出願之趣伝承、右ハ該道路接近之各邨々ハ悉ク農業専務之土地ナレハ、日々市中へ前栽《せんざい》（野菜）ヲ輸出シ、復タ従テ肥料等モ輸入スルニ方《あたり》テハ皆荷車ヲ使用致シ運搬罷在《まかりあ》リ、加《しかのみならず》之埼玉県ヨリ字赤下街道ヲ経テ往復之車馬数多《あまた》ニシテ動《やや》モスレハ車馬之衝突、且ツ転覆スルモ尠《すくな》シトセス、甚タ危険ナル道路ニ之アリ、然ル所、鉄道布設之許可相成リ候テハ車馬之通行裁止ハ必然之義ニ候。併シナカラ孰《いずれ》モ重荷ヲ運搬スル農夫ニシテ、人力ノ負担ノミナラス、充分之農業ヲ営ム不能《あたわず》、故《ことさ》ラニ道路両際ハ用水堀ニシテ自然欠崩レノ為メ巨多《あまた》之入費ヲ要スルハ目前之義ニシテ、実ニ邨民之興廃ニ係ル義ト憂慮《ゆうりょ》仕《つかまつり》候《そうろう》。前述ノ次第ニ付、千住馬車鉄道会社ヨリ差出タル願書却下相成候様、此段以連署奉懇候也

明治二十二年十二月十一日

南足立郡楳島村　日比谷弁次郎　他二百壱人

東京府知事　男爵　高橋五六殿

（『千住馬車鉄道』、五五〜五六ページ、句読点著者）

要するに、道路の狭さと荷車の交通が頻繁な状況を多少大げさに表現しているのである。ここでは触れてはいないが、村民が最も危険に感じたのは、道路幅の狭さとともに、通常人間の牽く荷車と馬の牽く馬車鉄道との速力の差ではなかったかと私は考えている。幅三間といえば、約五・五メートルである。こんな狭い場所で突っ走られては危なくてしようがない。しかも道路脇には用水堀もあって、馬車鉄道の震動で路肩が崩れる恐れもあり、橋も早く傷むに違いないというわけである。

当時の道路は幹線道路であっても、狭い上にかなりの悪路であり、晴天の日が続けば、

馬車は砂塵を巻き上げて走り、雨が降れば、泥水をはね飛ばして疾駆《しっく》した。蒸気鉄道とは違い、馬車鉄道は道路上を走るために、農民たちは彼らの生活空間に土足で踏み込まれるような感覚を持ったのであろう。

千住馬車鉄道の出資者は株数比で東京市内居住者が六八・六％、埼玉県居住者が一七・五％、東京府居住者が三・九％であった（一八九六年一二月三一日現在）。このように資金は東京市の資本家が負担したが、経営の実権を握っていたのは埼玉県北葛飾郡の人々であったと、老川氏は述べている。

沿道各村から文句をいわれながらも、千住馬車鉄道は資金を集め、工事を進めて、一八九三年二月に千住町―越谷《こしがや》町間を開業し、同年五月には粕壁《かすかべ》町（現春日部市）に延長された。粕壁以北の幸手《さって》町までは線路の建設をせず、連絡乗合馬車で運行することにして、同年八月にはさっさと線路の敷設をあきらめてしまった。経営上無理だと判断したためである。

千住馬車鉄道の経営は振るわず、一八九七年五月には大沢町―粕壁町間の営業を廃止し、さらに六月限りで残る全線も廃止するに至った。しかし、千住町―大沢町間の路線は草加《そうか》馬車鉄道がその線路を継承し、翌年には営業を復活した。馬車鉄道であっても、沿道諸村にとっては廃止されるとやはり不便を感じたのであろう。

だが、新たに再編成された草加馬車鉄道は短命であった。経営が振るわなかった上に、一八九九年に本格的な蒸気鉄道である東武鉄道が陸羽街道沿いに開業すると、存在意義を失って、翌一九〇〇年二月、会社は解散に追い込まれたのであった。

農民にとって、蒸気機関車の牽《ひ》く鉄道には文明の雰囲気を感じても、馬車鉄道ではそんな気分からは程遠いものであったに違いない。

先に紹介した甲武馬車鉄道・日本硫黄軌道でも、沿道の農民は馬車鉄道には結構異議申し立てを行なっている。今後も探せばまだまだ馬車鉄道に対する反対運動は発見されるかもしれない。

佐田介石の鉄道反対論

佐田介石《さたかいせき》（一八一八～八二）は、幕末・明治初期に西欧化に反対した僧侶として知られる。洋学の興隆、文明開化に反対し、国産品の愛用、舶来品の排斥を主張した。「鉄道にて田畑の潰《つぶ》る町数表」は色刷りの地図に表現された彼の独特の鉄道反対論で、鉄道の建設によって如何に田畑がつぶれ、国家の損失となるかを論じたものである。

旧道の外に別に新道を開く時は良田の潰る、ことをも顧みねばなるまい。其由《そのよし》は西洋は商を本《もと》とする国柄にて、固《もと》より良田の無い処なれば、地面が潰れても国の障《さわ》りとならざれ共《ども》、我日本は農を以て国の本とする故、良田の潰る、より国の大害たるはなし。そこで良田の沢山潰る、は皆々が大に心痛する処なり。夫故《それゆえ》今誠（試カ）に新と旧との鉄道にて潰る、田畑の坪数と町数とを並べあぐべし（句読点著者）。

という書き出しで、鉄道の建設によってその左右一五間（約二七・二㍍）の田畑が失われるとすれば、日本中で合計二八〇八町となり、一段につき二石の収穫があるとすれば、五万六一六〇石の減収になると説く。線路が複線であっても、幅五〇㍍以上の田畑が鉄道用地に変るというのはいささか誇張されていて、大きな都市の駅などの用地も算入しても、これほどにはならないであろう。

この地図は彼の死後、一八八三年（明治一六）か八四年に東京浅草区の内田安兵衛によって刊行された。彼はその晩年に実現ないし計画中の鉄道を、東京―高崎（二八里）、東京―青森（一八〇里）、東京―横浜（九里）、大阪―神戸（一〇里）、大阪―西京（一三里）、長浜―敦賀（一二里）、西京―大津（三里）、合計二五五里とみなし、計算をしているのであるが、その他、従来の街道、宿場がなくなって、関係者の多くが生業を失い、国の困窮をもたらすとも主張していた。この地図の存在は最近、古地図研究家の山下和正氏の紹介によって明らかとなった（山下和正「鉄道にて田畑の潰れる町数表」『月刊地図中心』四〇一号、二〇〇六年）。

佐田の本心は多分田畑の潰れることそのものを憂いているのではあるまい。文明開化の象徴としての鉄道そのものが気に食わないのであって、田畑が潰れることは、後からの理由付けであろう。

もっとも、鉄道の建設がその後大いに進んで、彼の死の一〇年後には、彼の予測した二五五里（約一〇〇〇キロ）をはるかに超える総延長三〇〇〇キロにも達することを彼が知ったならば、どんな感想を持つことであろうか。

鉄道忌避伝説定着の過程

地方史誌による鉄道忌避伝説の変容

地方史誌による伝説の物語化

本書の冒頭にも述べたように、鉄道忌避伝説は北海道と沖縄を除く日本全国にわたって言い伝えられている。そして、これまで見てきたように、鉄道建設に反対する動きは、鉄道創業時の軍部や保守的な士族層によるもの、一八八〇年代まで続いた陸軍の海岸線忌避論、鉄道官僚や地方官僚の水運重視による鉄道反対、などが実際に存在した。一方、一般民衆からの鉄道に反対する理由は、土地買収についての不満、鉄道の新設による農業水利の変化、あるいは洪水時の被害増加の可能性、とくに橋梁位置に関する不安、などに集約される。

しかし、巷間、最も常識化している旧来の交通機関、設備に従事している人々、たとえば、宿場町や水運関係者などによる反対については、現在までのところ明確な文書史料は発見されておらず、むしろ一八八〇年代後半以降は鉄道誘致、地域社会みずからの鉄道建設計画が多数発生している。一般に流布されている鉄道忌避伝説は、この一八八〇年後半以降に属する時期のものが大部分であるから、むしろそのようなことは起きにくい社会的環境にあったと考えてよいのではないかと思う。事実、全国的に有名な鉄道忌避伝説を厳密に検証してみると、否定的な回答になるのである。

鉄道忌避伝説が日本中に「普及」、拡大する過程には、地方史研究のあり方とその変化が深く関連しているように思われる。

地方史研究がアカデミズムの世界で認知されるようになるのは第二次世界大戦後であった。もちろん大戦以前にも地方史の研究は広く行なわれていたが、それは各地方の教養ある階層の人々、たとえば初等・中等教育に従事する教員、地方の指導的な人物で現役から引退した年齢層の人々、比較的時間の余裕のある地主・家主などの人々で、歴史や地理に関心を持つ人々によって支えられてきた。当時、大学の研究者などを中心としたアカデミズムの世界では一般にこのような地方史研究を軽視する人が多かった。このような研究環境の中では、地元の便宜・利点を生かした基本史料の発掘や丹念なフィールドワークが行なわれる反面、歴史学や地理学の基本的な指導や訓練、とくに史料吟味の厳密性を欠いたままの調査が行なわれた傾向も否定できなかった。

大戦後は地方史研究の意義が見直され、新しい社会経済史や文化史研究の成果も取り入れられて、むしろ日本史研究の主流を占めるようになった。

このような地方史研究の流れの中で地方史誌類の変化を見ると、まず一九二〇年代、三〇年代、すなわち大正末期から昭和戦前期にかけて、地方史誌類の編纂が各地で広く行なわれた。その執筆に当ったのは主として小学校・中等学校の教員であった。大戦後は、一九六〇年代、七〇年代にピークが見られ、その地方の大学の歴史学・地理学の教員を中心として（場合によっては東京など「中央」の「えらい」先生を招いてリーダーとして）学術的な編集方針が立てられ、地域の研究者を広く集めて、それぞれの専門領域に分担調査・執筆を委嘱する方式が採用された。旧家や役所の古文書の捜索、読解が行なわれ、資料集として活字化されたことは地方史研究のレベルを大きく向上させたといえる。

このような地方史誌類の中で、鉄道史に関わる事項がどのように取り扱われたかを見ると、大戦前にあっては、せいぜい鉄道や駅の開通年次、最近年の駅乗降客の輸送統計などが収録された程度であり、地方史研究の世界では鉄道に関わる事項への関心がきわめて小さいものであったことを示している。戦後も分担執筆者の中に鉄道史研究者が入ることは稀れであったが、鉄道関連の文書も発見されることも多く、鉄道に関する記述が増える傾向にあった。しかし、そのような中でも鉄道忌避伝説を立証するような文書の発見はほとんどなかった。その中で鉄道史の専門ではない研究者は、どこかで聞いたことのある鉄道忌避伝説に言及しようとし、史料による立証なしにその記述をあえてする事態が続発した。同じ時期に鉄道史研究も大きな進歩を遂げ、研究者数、発表論文数も増加したのであるが、地方史研究者側では鉄道史への関心が薄く、その成果を吸収する姿勢はほとんどなかったのであった。

地域社会の中で何となく言い伝えられていた鉄道忌避伝説が第二次世界大戦後になって、はっきりとした活字記録として残るようになったのは、このような地方史研究の環境変化によるところが大きい。

一九五〇年代までの地方史誌

首都圏内での鉄道忌避伝説といえば、何といっても甲州街道に臨む宿場町、たとえば府中、調布に伝えられているものが最も有名である。これまでに刊行された多摩地方における地方史誌類をひもといて鉄道忌避伝説がどのように取り上げられてきたかを追跡してみよう。

甲州街道筋の宿場町における鉄道忌避伝説がいつごろから地元住民の間に語られるようになったのか、詳しいことはよくわからない。おそらく第二次世界大戦前から古老の談として言い伝えられていたのではないかと思う。

戦前の地方史誌としては、一九三〇年（昭和五）刊の渡部隆治『武蔵野町史全編』（太陽新報社内町村史編纂部刊）を読むと、甲武鉄道開通時には武蔵野村内には駅がなかったので、村民の運動の結果、一九〇〇年（明治三三）一二月三一日に吉祥寺《きちじようじ》駅が開業したことを記すだけである（一八一～一八二ページ、ただし吉祥寺駅の正しい開業年月日は一八九九年一二月三〇日である）。戦後の早い時期に刊行された、藤原音松『武蔵野史』（武蔵野市役所、一九四八年）では「甲武鉄道の由来」という一節を設け、まず本書七一～七五ページにも取り上げた菅原恒覧『甲武鉄道市街線紀要』（甲武鉄道、一八九七年）に収録された「新八線沿革」をそのまま引用した後、境駅（現在の武蔵境駅）の設置を会社に認めさせる住民の運動に触れる。その中で、

明治上半期には、鉄道が重要交通機関であることが未だ一般に理解されず、東海道線が岡崎市やその他の重要都市の旧市域を外らして敷設されてゐるやうに、停車場設置は敬遠回避されてゐる。そのやうな時代に一寒村に停車場を率先設置しようとするのは烏滸《おこ》がましい、沙汰の限りである。それだけに難問題に逢着するのは当然で、停車場設置を提唱するものには、固《もと》よりそれ丈の覚悟がなければならぬ（後略）（六〇四ページ）。

とあって、以下、誘致に成功する境駅設置運動の内容に触れている。この著者は鉄道忌避伝説があったことは認めており、東海道線岡崎の例を挙げているのだが、至近の距離にあ

る甲州街道筋の反対については触れるところがない。また吉祥寺駅設置運動についても、駅建設費や土地の寄付をしたことを述べる。

続いて、安澤秀雄『調布町沿革史』(調布町役場、一九五一年)では次の一文がある。

甲武鉄道(今の中央線)が敷設されたのは之と時を同じくして同二十二年の事であった。建設当初の計画では街道に沿って本町、府中等を通る予定であったが、東海道線開通後の宿場の衰微、煤煙や震動に因る養蚕《ようさん》への害等の浮説も加わって沿道の住民之に反対し遂に現在の地に敷設されたのは遺憾の事であった。然し当時としては止むを得ぬ事であったろう(一〇ページ)。

甲州街道筋の鉄道忌避についてはっきりと記述された地方史誌はこれが最初である。町役場の発行した公的刊行物であるが、著者となっている安澤氏は当時の調布町長であったから、彼が直接に書いたものではなく、役場の職員か学校の教員の執筆であろう。

続いて、三多摩大観編纂会編『三多摩大観』(北農新聞社、一九五四年)では、前述の『調布町沿革史』の記述と内容は同じだが、もう少し説明調である。

(前略)その前この甲武鉄道が敷設されるに際しては種々の曲折があつたと云はれてゐる。始めこの鉄道は甲州街道に沿つて計画されたのであつたが、街道の宿場町の人々が旅人の素通りを懸念して先づ反対した。それは旅人が宿場町の旅館や商家を利用することが少なくなるので利害関係の為の反対と思はれる。又当時は此辺《このへん》一帯は養蚕業が盛であつたので、岡蒸気（汽車）の煤煙が桑を害すると云ふその頃の人々の無智と又日進月歩の文化に対する古来からの伝統のレジスタンスと保守的な迷信とかに依つて相当の反対があつたと云ふことである。この為に新宿―立川間の武蔵野原を直線に線路を拓いたと云ふことである。この直線は吾が国鉄道の最長と云はれる（四四五ページ）。

記述はやや長いが、宿場の衰微をきたす、あるいは桑が煤煙によって枯れるという記述内容は『調布町沿革史』と同じである。ただ、「云はれてゐる」「云ふことである」というように、伝聞であることを示唆する記述となっている。

一九六〇・七〇年代の地方史誌

高度経済成長期における市史編纂ブームの中で、比較的早期に刊行された『八王子市史』（八王子市史編纂委員会編、八王子市役所、一九六三年）ではさらに新しい記述が付け加えられた。

しかしこの甲武鉄道が開通するまでには容易なことではなかった。すなわち、甲州街道の高井戸、府中が主となった沿道村落の猛烈な反対運動にあい、会社側は第一案を捨てて青梅街道から新測量隊を出した。しかし田無が立入反対を表明したため計画は一時難航して行悩み状態となったが、武蔵野開拓の地主達、すなわち境村（現武蔵野市）秋本周平、柴崎村（現立川市）板谷元右衛門などが、土地開発は岡蒸気からと鉄道招致運動を展開したので、敷設計画は急速にまとまり、新宿から武蔵野を一直線に西に進み、甲州街道と青梅街道の中間帯を貫通した甲武鉄道が敷設されたのであった。このため乗合馬車の凋落が旧街道をさびれさせていったのに反し、新街道となった鉄道沿線は日に日に発展していったのである（上巻、八五一ページ）。

ここでは甲州街道筋のみではなく、青梅街道筋の田無《たなし》の反対が追加され、さらに一直線の甲武鉄道ルートを後年の武蔵野市や立川市の有力者たちの熱心な誘致運動によるものと断定している点が新たな記述である。

『調布市百年史』（調布市百年史編纂委員会編、調布市役所、一九六八年）でも、相変わらず似たような記述が見られたが、その理由には触れていない。

明治二〇年代の初め、現在の国鉄中央線が、甲武鉄道として調布地区を通り、甲州街道沿いに建設されようとしたとき、沿線の強い反対によって、現在の位置に変更され、明治二二年に新宿〜立川間に通じた。もし、甲武鉄道が調布を通っていたら、今日の様相はかなり変わったものとなっていたであろう（二五九ページ）。

これに対して、『立川市史』（立川市史編纂委員会編、立川市、一九六九年）は、

甲州街道沿いの一閑村、日野《ひの》宿への渡船場として知られていたに過ぎなかった柴崎

村が、今日の大立川市へと飛躍することのできた理由のひとつには、近代交通機関である鉄道をつかんでいたということがあげられる（下巻、九一〇ページ）。

と述べて、立川発展の最初の契機が鉄道の誘致にあったことを誇らしげに語る。とくに「甲武鉄道と立川」（第六編「近代社会」のうち第四章）という全部で三一ページにわたる一章を設け、豊富な史料を用いて、地域社会の鉄道への対応を詳細に記述した（「鉄道忌避伝説の検証」を参照）。ただ、立川以外の地域が甲武鉄道に対して取った反応については、通説を繰り返している。

鉄道建設のための測量は、鉄道局の手によりすでに［二十一年］一月末以来路線実測にかかっていたが、甲州街道沿いの調布・府中等の村は死活問題として鉄道反対の声が強く、青梅街道筋も同様で田無村からは立入禁止をくう有様であった。しかし地主の有識者の中には鉄道の必要性を認識する者もあり、境村の秋本周平・立川村柴崎の板谷元右衛門・中島次郎兵衛・砂川村の砂川源五右衛門など開拓地主に属する人々は、むしろ積極的に陸蒸気誘致運動を行なっていたのである。その結果、鉄道路線は街道を大きくそれ、中野から立川まで、武蔵野の雑木林を西に向って一直線に伸びる現在の姿が出来上がった（下巻、九一一～九一三ページ）。

『三鷹市史』（三鷹市史編さん委員会編、三鷹市、一九七〇年）の記述も『八王子市史』とほぼ同じ内容であるが、さらに「増補」された上、新解釈が追加されていた。

（前略）甲武鉄道の開通ははじめ甲州街道に沿って建設するか、青梅街道に沿って建設されるか種々の案があったが、それぞれ反対運動が強く、中止され、現在の位置に敷設されることになった。三鷹村の南部を通る案もあったようである。すなわち「中央線は当初甲州街道に沿うて計画されたが之に反対されて、新川野崎を通る三鷹線が計画され、これ又住民の反対にあい、最後に武蔵野村を通過するものに決定された。」「その反対された主要な理由は桑園に対する煤煙の被害に対する憂いと汽車により宿場の旅客が奪われる心配であった。」

この中央線（当時は甲武鉄道）が武蔵野を通ったという事は当時武蔵野村が三鷹村より発展していたからでなく、逆にむしろ開発がおくれていたからではないだろうか。桑園のある地方は当時としては開発された地方であって、武蔵野地方は未だ桑園化まで進まない原野が大部分であったようである。鉄道が北端をかすかにかすめる程度にしか通っていないことが、三鷹村が同じ条件の武蔵野村よりも発展がおくれ、町制も、市制も、その施行がおそくなった理由である（四二四ページ）。

カッコ内の記述は、宍戸幸七『近郊都市についての一考察』という文献からの引用であるとしている（私は未見であるが）。甲州街道案、青梅街道案に加えて、三鷹案があって、これにも住民の反対があり、最後に最も発展の遅れていた武蔵野村に鉄道のルートが決定されたという話になっている。

『府中市史』（府中市史編纂委員会編、府中市、一九七四年）では、「甲武鉄道開通と府中宿」という一節を設け、まず先に挙げた『三多摩大観』の記述を引用して、鉄道忌避が「あったという」とした後で、次は『立川市史』を引用して、甲州街道筋や青梅街道筋で鉄道反対の動きがあったにもかかわらず、境村、立川村・砂川村の地主たちが積極的に鉄道誘致を行なったことを述べる。そしてさらに続けて次のように記している。

甲武鉄道が明治二十二年の四月に立川まで開通開業してから八年後の明治三十年、府中町で特別税を新設するに当って、「本町営業者ハ、明治廿二年甲武鉄道開通以来ノ〔甲州街道の〕往復ノ如キ、非常ノ減少ヲ来シ、遂ニ其跡ヲ絶チ、〔府中町〕漸次衰微ニ傾キ」云々とその事態を捉えている。

甲武鉄道を甲州街道沿いに敷設させるチャンスのあった府中町や多磨村、西府村は、先見の明に欠けて、甲武鉄道を「取り逃がした」と言える。実際、のちに述べる国分寺停車場道改修の一件や東京砂利鉄道の敷設過程、また不敷の鉄道の一つたる府中中央線短絡鉄道計画などは、いずれもこの「取り逃がした」中央線への取付きを便利にして、何とか失策を挽回しようとした努力の表れとみることができる。幹線鉄道から取り残された既存の町場の対応努力、すなわち、中央線に取付くための道路・鉄道・バスが、殆ど常に府中地域の人々の、また町政村政の主要な関心事となっていく素地がここに出来上がったのである（下巻、四四〇〜四四一ページ）。

『府中市史』のこの部分の執筆者は、鉄道忌避の事実があったに違いないと信じている。しかし、これを立証できる直接の史料はない。仕方がないので伝承を記述した別の地方史誌からの引用で説明し、「取り逃がした」中央線への連絡努力に府中市の人々がその後にいかに努力したかを綿々とコメントするのである。オーソドックスな歴史研究の方法論に忠実であろうと努力しながら、鉄道忌避伝説への未練を断ち切れない、この執筆者の悲劇（喜劇？）が余すところなく表現されている。

府中市では、『府中市史』の普及版ともいうべき『府中市の歴史』（府中市編・刊、一九八三年）を刊行している。ここでは、「当初甲州街道に沿って敷設される計画」が変更され、これは「鉄道開通によってさびれることを恐れた府中や調布など旧宿場の人々の反対や、汽車の煙によって養蚕や作物に被害を与えるということで、沿道村民（農民）の強い反対があったことが大きな原因だったといわれています。」（三二五〜三二六ページ）と述べて、鉄道忌避伝説はまだ健在であった。

『三多摩大観』から『府中市史』までの記述を対比してみると、旅人が通り過ぎるようになって宿場町がさびれる、煤煙で桑が枯れるという理由での反対を骨子として、田無町や三鷹村でも反対したとか、台地上の村々では鉄道誘致も行なわれたというふうに、いろいろの話が根拠を示すことなく、追加されてきたことがわかる。

一九九〇年代以降の地方史誌

しかし、一九九〇年代に入ってから公刊された地方史誌類では、鉄道忌避伝説に関する記述の姿勢が大きく変わってくる。

『国分寺市史』（国分寺市史編さん委員会編、国分寺市、一九九一年）では、まったく異なる記述形式が採用された。ここでは「甲武鉄道の開通」（第八章）という全部で五六ページに及ぶ大きなスペースが鉄道の開通に割かれていた。そこでは、甲武鉄道、武甲鉄道、武蔵鉄道という相互に競願となった鉄道計画について、基本史料に基づき、詳細に述べられる。この記述はそれまでの市史類がまったく触れていなかった面である。当時の鉄道網の形成を市場圏や商品流通によって説明し、上の三鉄道の意義もその中で位置付けている。しかし、鉄道忌避伝説にはまったく触れていない。その執筆者は佐藤正弘氏（当時は一橋大学経済研究所）であったが、実は同氏が以前に発表していた「明治二〇年代における鉄道網形成の諸要因―甲武鉄道の出願をめぐって―」（『社会経済史学』五四巻五号、一九八九年）の再掲であった。ここでは鉄道忌避伝説はまったく執筆者の興味の外にあったといえよう。

『田無市史』第三巻・通史編（田無市史編さん委員会編、田無市企画部市史編さん室、一九九五年）では鉄道忌避も大分トーンが落ちている。その代わりに東京府の役人の視察復命書に、平日の田無の市場が「はなはだ寂寥《せきりよう》」と述べている点を捉えて、これを鉄道開通のせいにして次のように述べる。

「はなはだ寂寥」となってしまった原因は鉄道の開通だった。一八八九年（明治二二）四月に新宿―立川間で運転をはじめた甲武鉄道（現在の中央線）が八月には八王子まで延び、また、九五年（明治二八）三月には国分寺―東村山―所沢―川越間に川越鉄道が開通した。鉄道敷設に熱心だったのは甲府・八王子・福生あるいは埼玉などの商人で、田無や府中は消極的だった。蒸気機関車の騒音・振動が養蚕のさまたげになるとか、石炭の火の粉による火事をおそれたからだと言い伝えられているが、東京に近接する宿場町として繁盛している現状からすれば、巨額の資金を鉄道に投入する気持にならなかったのは無理もない。停車場ができても、境（現在の武蔵境）や国分寺がすぐに町場化しなかったことが示すように、この地域の経済にとって鉄道がどうしても必要、というわけではなかった（七一〇ページ）。

この後に続けて、「鉄道の影響は予想外に大きかった」として、当時の郵便線路図の変化を図示して、青梅街道の要衝に位置して、郵便配送のネットワークの一中心であった田無が、武蔵境駅からの支線に転落した状況が説明される。ここでは、かつて『八王子市史』が書いたような、田無で鉄道の測量を拒否した話は出てこない。鉄道に反対したとは書かず、消極的であったと述べるのである。

その後に登場した『調布市史』下巻（調布市史編集委員会編、調布市、一九九七年）では、鉄道忌避の話はまったく現れない。鉄道についての記述は「京王線の開通と調布」で初めて出てくるのであり、それ以前に刊行された『行政史料に見る調布の近代』（調布市史編集委員会編、調布市史研究資料Ｖ、調布市、一九八六年）でも関係文書の提示はない。『調布市史』の編集委員会は明らかに鉄道忌避の事実は史料によって証明できない不正確なものとして記述を避けたのである。市史編纂委員会の中でどのようなディスカッションがあったのかはよくわからない。あるいはすでに、鉄道忌避伝説に対する疑問が生じていたのかもしれない。

現在までのところ公刊の最も新しい『武蔵野市百年史』記述編Ⅰ・明治二二年～昭和二二年（武蔵野市編・刊、二〇〇一年）では、「甲武鉄道」（第二章）と題する四四ページにわたる大きなスペースを割いて、この鉄道の成立から国有化までの変容を記述した。その中で『三多摩大観』や『三鷹市史』を引用して「鉄道忌避があったとしている」と記す一方で、著者が執筆した『多摩の鉄道百年』（野田正穂・原田勝正・青木栄一・老川慶喜編、日本経済評論社、一九九三年）を引用して、鉄道忌避の否定論を紹介している。しかし、「また、府中や田無などの人々が鉄道が通るのを反対したという言い伝えが、いまなお根強く存在している以上、それを単に『鉄道忌避伝説』として片付けるのでなくて、なぜそのような言い伝えがうまれたのかを、明らかにする必要があるだろう」と批判的な目で見ている。そして「鉄道に対する組織的な反対があったかどうかは疑わしいが、逆に鉄道を積極的に誘致しようとした人がいたことは確かである」（三二一～三二三ページ）とも述べている。事実認定にはまったくさじを投げた格好である。

このように、甲武鉄道をめぐる鉄道忌避伝説については、史料に基づく厳密な記述を心がける努力の跡が見えるようになって、地方史誌の世界においても無邪気に言い伝えを書き飛ばす姿勢はかなり下火となったのである。

専門の歴史研究者の執筆した公的な市史の記述でも、鉄道忌避伝説がこのように大きく取り扱われてきたのであるから、もっと啓蒙的、ないし通俗的な鉄道物語では鉄道忌避伝説はなかなか派手に取り上げられている。

朝日新聞社会部編『中央線―東京の動脈いまむかし―』（朝日ソノラマ、一九七五年）や中村建治『中央線誕生―甲武鉄道の開業に賭けた挑戦者たち―』（本の風景社刊、東京文献センター発売、二〇〇三年）でも、これまで述べたような甲武鉄道の鉄道忌避伝説が歴史的事実として、一通り紹介されている。

鈴木理生《まさお》『東京の地理がわかる事典』（日本実業出版社、一九九九年）は、「東京の発展を支えた交通網」（第七章）の中に「無人の原野に引かれた二四キロの直線路」と題した小節で次のように紹介する。

　中央線は、はじめ東京〜八王子間は旧甲州街道沿いに計画されたが、騒音や公害などが出るなどの街道宿駅関係者の猛反対を受けたため、武蔵野の〝無人の原野〟に線路を敷設することとなった。

　これが現在の東中野〜立川間の約二四キロに及ぶ一直線の線路だったが、軍部には大変好評だったという（一二八ページ）。

鈴木氏は江戸・東京史の研究者としては学界でも知られた研究者で、優れた著作も多い。しかし、こと鉄道の歴史となると、上の記述はやはり問題である。中央線の管理では八王子駅が東京鉄道局と名古屋鉄道局の境界となっていたという、鉄道史家以外にはあまり知られていない事実をきちんと書く（この地点が上方と関東の「文化」の境があったとするのはいささか問題であるが）一方で、甲州街道筋宿場町の鉄道忌避伝説を無批判に紹介し、人口の少ないことを強調した言葉のあやであろうが、武蔵野を〝無人の原野〟といっている。甲武鉄道が一直線に建設された武蔵野はすでに新田集落が開拓されていて、決して

「無人」ではなかったことを鈴木氏が知らないわけはないのである。また、この一直線の線路が「軍部には大変好評だったという」のも文献の上で立証はされていない。軍部は本書一一六～一二一ページでも触れたように、「本州中央ヲ貫通スルノ鉄道」、すなわち後年の中央線には興味を示し、その必要性を『鉄道論』などで主張していたのだが、あくまで全国的な鉄道網というマクロな視点での話であって、とくにこの二五キロの一直線の路線に関心を示したという証拠を私は知らない。

伝説が書き飛ばされた時代

先にも取り上げた流山の住民が日本鉄道土浦線の通過を忌避したという伝説がどのように形成されたのかを、甲武鉄道の場合と同じように見てみよう。これについては、飯島章氏もその論説（「日本鉄道土浦線の路線策定をめぐって──龍ヶ崎・流山の鉄道忌避伝説批判」『茨城史林』一八号、一九九四年）で試みているが、同氏の見解を含めて、流山の鉄道忌避伝説の形成をたどってみることとする。

『千葉県誌』（一九一九年）、『流山町誌』（一九二〇年）、『千葉県東葛飾郡誌』（一九二三年）など大正期に刊行された地誌類には鉄道忌避伝説に関する記述はなく、流山の鉄道忌避について最初に触れた著作は、『松戸市史』（松戸市誌編さん委員会編、松戸市役所、一九六四年）である。「鉄道の発達と江戸川水運の衰退」（第九章）の中の、「一一　鉄道の開設とその影響」では次のように記されている。

日本鉄道は当初計画において、経費を節約するため、千住から北上して三郷村（埼玉県北葛飾郡）で江戸川を渡り、松戸・野田の中間地である流山を結んで北上する予定であったという。しかし、郡治の中心である松戸を除くことに異議があり、かつ流山加村河岸の運送業者ら地元の強硬な反対があったため、あらためて旧水戸街道沿いに路線を敷設することを決したと伝えられている（一説には江戸川鉄橋の架設に技術的難点があったからともいう）。もし流山方面に鉄道線路がいってしまったと仮定するならば、今日の松戸の運命は大きく変わっていたことであろう。幸い松戸では地元の大きな反対もなく、停車場は旧宿場町の至近距離に置かれた。これに対し小金では賛否両論が入り乱れてついに開設が中止され、馬橋駅の開設よりおくれること十三年、明治四十四に至り、ようやく北小金駅の開設をみたのである（七六二ページ）。

また、浩瀚《こうかん》かつ精緻なアカデミズムの地誌として定評のある『日本地誌』第八巻・千葉県・神奈川県（二宮書店、一九六七年）でも、白浜兵三氏の執筆になる「醸造都市　野田・流山」の中に、

（前略）しかし日本鉄道の敷設にあたって舟運保護のためにその通過を拒否してからは、長く交通幹線からはずれて、町勢は停滞した（一八三ページ）。

とある。「鉄道忌避があった」ときわめて簡潔に触れているが、とくにこれに関する調査

をしたわけではなく、すでに流山町民の間で言い伝えられていたことを記したに過ぎない。

前述の飯島論文によれば、中村脩『ふるさとあびこ』（一九七三年）において、土浦線が「当初流山を通るか、柏―我孫子を通るかで問題になっていたのだが、流山地主の反対で我孫子側に決ったのだという」（一一四～一一五ページ）と書かれており、同じく中村氏の『柏のむかし』（一九七六年）においても、「今では伝説めいた話として、最初の線路は柏を通らずに流山を経由する計画だったのを地元の反対で流山をさけて柏になったのだと聞きます」（一一四ページ）と述べ、ここでも「伝説めいた話」「だという」「と聞きます」というあいまいな伝聞形式の表現で書かれている。

しかし、北野道彦『「町民鉄道」の六〇年―総武流山電鉄の話―』（崙書房、一九七八年）では、「日本鉄道土浦線の建設と反対運動」と題する一節が設けられて、一気に断定的な記述となり、話も詳しく具体的になる。

> はっきりとした年代は不明だが、明治二十年代（一八八七～）の後半に、日本鉄道による土浦線（いまの常磐線）の建設案が発表された。
>
> 案には、新宿・金町方面から松戸を経て流山を通過するものと、千住から北上して三郷を通り、江戸川をわたったのち、流山を経て野田にむかうものとの二つがあった。
>
> 此れにたいして、流山では水運業者を中心とする、はげしい町ぐるみの反対運動が起

こった。

もっとも、鉄道建設反対運動の起こったのは、流山だけでなく、新宿《にいじゅく》や龍ヶ崎にも発生した。新宿では、鉄道が敷けると、金町帝釈天《かなまちたいしゃくてん》の参詣者の帰り客が泊らなくなる、というのが理由であったが、水運の町・流山では、水運業そのものが根本からくずれてしまう、という危機感からであった。（中略）

ところで、水運業者が鉄道の建設に反対したのは理解できるが、これに醸造業者までが加わり、町ぐるみの反対運動になったのは、なぜだろうか。

もともと、醸造業者は、大量輸送のできる鉄道の建設に、反対する立場にないはずである。ところが、醸造業者と水運業者とは、切っても切れないつながりで結ばれていたのである。

そのころ、一隻の高瀬船を建造するのには、三千円はかかったといわれる。そのため、水運業者の多くは、裕福な醸造業者からの長期払いの借金で、船の建造費をまかなっていた。だから、もし鉄道が敷けて、水運業が立ちゆかなくなれば、それこそ醸造業者にとっては、貸金のとりたてができなくなってしまうだろう。

こういうことからも、醸造業者と水運業者との提携がなりたったものとおもわれる。

町ぐるみの鉄道反対運動は成功し、土浦線は松戸から馬橋・千代田村（いまの柏市）

を迂回して、北上することになった（後略）（一一〜一三ページ）。

北野氏は、総武流山電鉄の社史、『総武流山電鉄七十年史』（一九八六年）の執筆にも当ったが、ここでも同社の前史としてほぼ同じ記述が見られる（二一〜二三ページ）。話が具体的であり、醸造業者と水運業者との関係などを社会経済史的に説明されると、なんとなく説得力があるように感じてしまう。

しかし、日本鉄道土浦線が流山を通過しないルートを選択したのは、すでに述べたように、まったく鉄道会社側の都合によるのであって、流山町民の意向とは何の関係もない。おそらく、最初の川口で分岐する案では流山を経由するようになっていたのが、最終的には流山はルートから外れてしまったことに対しての理由付けが行なわれ、流山の町ぐるみでの鉄道忌避伝説が多くの人に信じられるようになったのであろう。そして最後に北野氏による具体的な肉付けによって、通説が定説化されたのではないだろうか。

昭和戦前期ないし戦後の早い時期に流山町民の間で信じられていた鉄道忌避伝説が一人歩きして、ここでついに肉付けされるに至ったのである。

流山鉄道忌避伝説の終焉

しかし、二〇〇〇年（平成一二）以降の地方史誌においては、流山の鉄道忌避伝説を繰り返す記述はもはやなくなった。

一九九四年に飯島章氏が『日本鉄道株式会社沿革史』の記述に基づいて、

忌避伝説の虚像であることを明らかにし、この主張はその後、常磐線沿線の地方史誌の記述に明らかに大きく影響した。さらに二〇〇〇年には、山下耕一氏もこの問題を再説して、土浦線のルートが地形的に最適であることを考察している。

『柏市史』近代編（柏市史編さん委員会編、柏市教育委員会、二〇〇〇年）は『日本鉄道株式会社沿革史』と飯島論文を取り上げて、鉄道忌避にはまったく言及しなかった。さらに『我孫子市史』近現代篇（我孫子市史編集委員会近現代部会編、我孫子市教育委員会、二〇〇四年）でも、「常磐線の開通」の項で、次のように述べる。

（前略）このように土浦線のルートは地元の意向とは関係なく技術的に可能な限り直線ルートを検討して決定されたのである（一三四ページ）。

当事者の流山市では、近世までを取り扱った『流山市史』通史編Ｉ（流山市立博物館市史編さん係編、流山市教育委員会、二〇〇三年）はすでに公刊されているが、近現代を取り扱う同書通史編Ⅱは未刊である。しかし、流山の鉄道忌避伝説がここで繰り返されることはないであろう。

伝説を拡げたもう一つの媒体

小学校の副読本を見る

私のこれまでの体験では、大学の学生などに鉄道忌避伝説をどこで聞いたのかと聞くと、大概、学校の授業で教えられたという答えが返ってきた。また、各地で小・中学校の先生と話をすると、鉄道駅の位置の説明に鉄道忌避伝説を引用する方が多かった。いったい、小・中学校ではどのような形で鉄道忌避伝説が教えられているのであろうか。

現在の小学校では三・四年生の社会科で「身近な地域」として、生徒の住んでいる地域（行政区域）の歴史や住民の生活環境や産業などについて教えられる。中学校でも歴史的分野ないし地理的分野で、やはり郷土の歴史がきわめて概括的ではあるが勉強することになっている。授業の教材として各自治体の教育委員会によって副読本が編纂されていて、その内容を見ることができる。

府中市の小学校副読本

一つの例として東京都府中市の教育委員会で編纂された「身近な地域」学習の副読本を探って見たい。この副読本『わたしたちの府中』は一九六七年（昭和四二）四月に初版が刊行された。ここには府中の歴史を扱った「府中のうつりかわり」という章の中に「鉄道のしかれたころ」という節があって、鉄道忌避伝説が紹介されている。その後一九八〇年に全面改訂されて、記述の内容がわずかに増え、一九九三年（平成五）の再度の全面改定では本文からはずされて、囲み記事となって字数は大幅に減った。一番スペースを占めた一九八〇〜九二年の副読本の記述では、「甲武鉄道のできたころ」と題した小節があり、次のように説明される。

明治の中ごろ新宿から八王子まで、甲武鉄道が開通しました。甲州街道にそって通す予定でしたが、まちの人々は「汽車の出すけむりでくわの葉がかれ、かいこが死んでしまう。」とか、「宿やにとまるおきゃくさんがいなくなって町がさびれる。」といって反対しました。そのため甲武鉄道は、まちのずっと北を通ることになりました。今の中央線がそれです。北多摩郡の中心のまちだった府中は、だんだんさびれてきました（七一ページ、原文は改行が多いが、ここでは改行せずに引用した）。

この副読本の記述内容は、「府中町は甲武鉄道の通過に反対した」という事実をまず紹介し、「宿泊客が少なくなる、煤煙で桑の葉が枯れたり、蚕が死ぬなど」の反対理由を述べ、「反対の結果鉄道は現在の中央線のルートを通ることになり、町はさびれた」と結論する。一九九三〜九九年版では、「後に府中の人々は京王線の通過誘致に努力した」という後日譚が追加されるのである。

実は『わたしたちの府中』では、二〇〇〇年版から鉄道忌避伝説の記述が一切消えてしまう。これはこれを歴史的事実として教えないようにしたわけではなく、カリキュラムの内容変更で「府中のうつりかわり」が縮小された結果のようで、中学校用の副読本『郷土府中』では現在も府中の鉄道忌避は事実とし記述されている。

府中市副読本の教師指導書

副読本には普通の教科書と同じように、教師用の指導書がある。『府中市公立小学校三年「わたしたちの府中」指導書』（昭和五五年度）には次ページ図19のように教室での教え方が細かく記載され、鉄道忌避については一時限分の授業で扱うようになっている。一番下の「学ばせ方」の解説を読むと、生徒が鉄道忌避の事実を納得するような、理路整然とした論法で授業を進めるように解説されている。「地方史誌による鉄道忌避伝説の変容」でも紹介したように、『府中市史』にも鉄道忌避伝説は記述されている。しかし、『府中市史』と『わたしたちの府中』では、その記述に基本的に異なるところがある。それは、前者が「らしい」「といわれている」と伝聞であ

（二）乗合馬車が走っていたころ　5時間扱い　第２時　甲武鉄道ができたころ

本時のねらい　甲武鉄道の開通は、人々のくらしを、かえるほどの契機とはならなかったことを理解させる。

過程	学習活動・内容	指導上の留意点
つかむ	①甲武鉄道が開通した明治中頃の町の人々のくらしの様子を聞く。 ・さかんな養蚕業 ・甲武鉄道の申請 ・鉄道敷設への反対	①町の発展、変化の契機として、鉄道の開通が出されるが、府中市の場合は、全くそれはあてはまらない。むしろ反対運動をしていたことを知らせる。
考える	②甲武鉄道が町を通らなくなり、町の様子がどうなっていくか予想をたてて話し合う。 ・もっとにぎやかになる。 ・町にくる人は、少なくなる。	②当時の様子を知って予想をたてさせたいが、自分の今の生活から、鉄道がなかったらと逆に推測させる。次時へと発展させたい。
調べる	③町の人々が鉄道に乗るためどうしたのか調べる。 ・歩いて甲武鉄道の駅までいった。 ・乗合馬車に乗っていった。	③東京市内へ行くのには、やはり、甲武鉄道が早く行けることを、東京都の地図でおさえ、府中の町の人だったらどうするか、考え、調べさせたらよい。
まとめる	④甲武鉄道がしかれてからの町の様子についてまとめる。	④本時のまとめを、次時へと発展的にとらえさせる。

〔学ばせ方〕〔解説〕

○東京都全図から、中央線（甲武鉄道）の経路を読ませると、

・中野から、立川まで一直線に近い線路が敷かれている。

・明治の中頃この辺には、町があったのかなど、疑問をおこさせてから、甲武鉄道に入ると、興味がわいて、発展していく。

○甲武鉄道は明治二十一年、甲州街道に沿って通るよう申請されたが、府中の町の人々によって反対され、武蔵野の雑木林を西に一直線に伸びる、現在の姿が出来上ったといわれる。

反対の理由として、

・甲州街道の調布・府中の宿場町の人々が旅人の素通りを懸念してといわれる。

・府中町一帯は養蚕業が盛んであった。桑が陸《おか》蒸気の煤煙に害されてしまうというものであった。

府中と同じように、青梅街道筋も、田無など猛反対したといわれる。

逆に積極的に誘致したのは、境、立川、砂川の村民であったといわれる。

甲武鉄道開業当初の駅は、新宿駅と立川駅の間に、中野、境（武蔵境）国分寺の三駅があり、府中から乗るとすれば、国分寺駅へ向うことになる。

図19　『府中市公立小学校三年「わたしたちの府中」指導書』

ることを示唆するような記述になっているのに対して、後者は教科書という性格からくるのであろうか、はっきりと断定する文章になっていることである。

このようにはっきりと小・中学校の現場で教えられては、鉄道忌避伝説がますます多くの人々に「常識」となって拡がってゆかざるを得ない。

立川市の中学校社会科資料集

府中市ばかりではない。東京都立川市教育委員会の編纂した「中学校社会科資料集〈改定版〉たちかわ」（一九九三年〈平成五〉改定版）では、「甲武鉄道の開通と立川」という節を設けて次のように記述する。

一八八九（明治二二）年四月一一日新宿から立川の間に甲武鉄道が開通した。鉄道ははじめ甲州街道か青梅街道に沿って計画されたが、宿駅がおとろえ、村の死活問題になりかねないなど、沿線住民の反対を受けた。しかし、立川の人々は鉄道に期待して誘致を行い、現在の路線となった。一九〇七（明治四〇）年に国有となり、中央線と改称された。この結果、立川は多摩地区の交通の中心地となった。昔の立川駅のようすと、現在の駅と比較してみよう（三一ページ、一九〇七年国有化は間違いでその前年の一九〇六年国有化が正しい）。

こちらも甲州街道筋宿場町の鉄道反対に触れてはいるが、これと対照させて明治時代の立川の人々の「先見の明」を誇らしげに語っているのである。

船橋市の小学校副読本

千葉県船橋駅の事例については本書一〇三～一〇五ページでも触れたが、同市の小学校社会科副読本『わたしたちの船橋』（船橋市社会科副読本改定委員会編、一九八〇年〈昭和五五〉版）には「鉄道が通ったころ―まちのひろがりと交通―」という小節が設けられていて、次のような説明がある。

> およそ八十年前、総武鉄道（いまの総武本線）が本所（錦糸町）から船橋を通って佐倉までしかれました。
>
> やどや・店の人たちは、鉄道を通すと、街道を行く人々が船橋に足をとめなくなるだろうと考えて、はんたいしました。そこで、船橋駅は、まちはずれの田の中につくられました。
>
> やがて人びとは、早くてべんりな鉄道を多く利用するようになりました。そのために宿場町としてのにぎわいはなくなりました（後略）（五三～五四ページ）。

先にも述べたように、当時の宿場町と駅との距離は数百メートル未満（最短では四〇〇メートル以下）、時間距離で一〇分足らずである。実はこの社会科副読本の同じページに「総武鉄道が通ったころの駅ふきん」「京成電鉄が通ったころの駅ふきん」と題した二枚の地図が掲載されている（図20）。前者を見ると、街道筋に街村形態で延びている宿場町と駅との間には水田が広がっている。いかにも駅が宿場町から遠く離れて作られたような感じを生徒が持つ

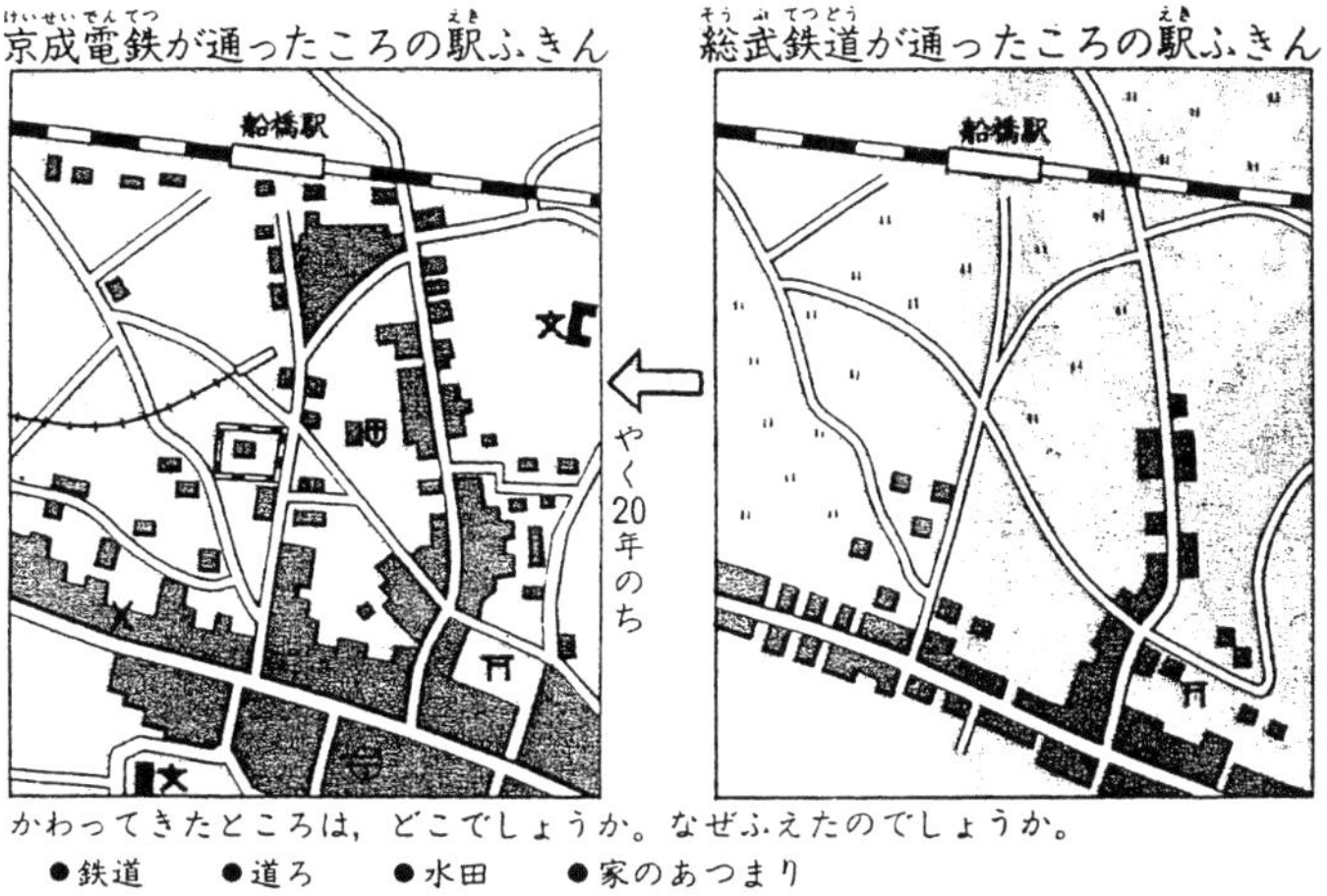

図20『わたしたちの船橋』

ように仕向けられている。この地図には縮尺が付けられていないので、うっかりするとごまかされてしまう。これはどう考えても意図的に鉄道忌避伝説を生徒に押し付けようとしたとしか思えない。せっかく地図まで掲載したのであるから、編集に当った社会科の先生方は少しおかしいな、と気付くべきなのである。船橋市内の小学校に勤務しているのだから距離関係は知悉しているはずである。しかし、見方を変えれば、鉄道忌避伝説が小学校教員の頭の中に疑うことのできない歴史的事実として深く刻み込まれている証左といえよう。

流山市の小学校副読本

流山市で使われている小学校社会科副読本『わたしたちの流山』（一九八六年〈昭

和六一〉改訂七版、「わたしたちの流山」編集委員会編、流山教育委員会刊）では、「おかじょう気」を題した小節で鉄道忌避伝説を次のように記述していた。

ポンポンじょう気船がはしっていたころ、人びとは、汽車のことを「おかじょう気」とよんでいました。

今から八十年ぐらい前に、鉄道がしかれることになりました。流山を通る予定でしたが、はんたいする人もいました。そのため鉄道は、流山を通らないで、今の常磐線のように、松戸・柏などを通る道すじになりました。人びとは、鉄道をしかなかったことをこうかいしました（後略）（四一〜四二ページ）。

だが、平成十四年新版の『わたしたちの流山』には、もはや鉄道忌避の話はない。「交通のようす」（二〇ページ）として、市内を走る電車線の位置を地図上に示し、列車の写真が掲載されているだけである。

実は、先述の桑島裕論文（二二ページ参照）の中で、埼玉県の小・中学校の社会科副読本を取り上げ、岩槻、川越、与野について、鉄道忌避伝説を事実と断定するような記述が昭和四〇年代にあったことが報告されている。

全国各地のこの種の副読本を調べてみると、鉄道忌避伝説を断定的に教えるような記述はまだまだありそうである。

今も拡がりつつある鉄道忌避伝説

「言い伝え」から著作・論文へ

鉄道忌避伝説は、日本各地で言い伝えられている。地元の人々の間で言い伝えられているものが、たまたま地方史家や地理研究者の耳に入り、この人々によって著書や論文の形に書かれると、言い伝えはたちまち全国に「歴史的事実」として広まり、さらなる再生産の原材料にされることになる。活字文化の特性であり、こわいところでもある。これらの著者は、鉄道忌避は歴史的な事実であると信じているから、地元の言い伝えを、何の考証もせず、無批判にそのまま、あるいはさらに脚色して叙述することが多い。とくに今まで全国的には知られていなかった事例が発表されると、これが新しい鉄道忌避伝説の母体となって増殖してゆくのである。書いた方には失礼とは思うが、その実例について少し述べてみよう。

総武鉄道沿線の鉄道忌避伝説

汽車を目して「キリシタンバテレンの邪法であり、是が開通すれば疫病が流行する」となし、また「駕籠より速いそんな乗物が通るようになれば、宿屋に泊る者がなくなり町は寂《さび》れる」とか「汽車の煤煙が桑ノ葉について蚕が全滅する」などと、愚にもつかない流言を飛ばして敷設反対運動をする地元民に手を焼かされた。そのために一部路線の変更も余儀なくされたが、はからずもソレが今日、其の地の盛衰を決定する結果を招来していることは、興味すこぶる深いものがある。よって茲《ここ》に這般《しゃはん》の消息を記述して置く。

ところが芝山部落の有力者である宿屋と料理屋が、上述の理由を楯に猛反対、株どころか一坪の土地も売らぬとの強硬さに、会社は止むなく成東へ出て福岡町（今の八日市場市）から飯岡町を通り銚子へと、路線を変更してしまった。会社としては、たくさんの参詣客を目的にして目論見《もくろみ》たこととて、成東廻りは非常に不利益線と残念がった。一方、芝山の有力者たちは本願成就、目出度く汽車を追払ったというので、祝賀の宴を張って欣んだ。これが町勢衰運の挽歌であるとは、誰一人として夢にも思わなかったのである。

これに続いて、飯岡町の反対について言及し、さらに、こう云った例は初期の民営鉄道建設時代には珍しいことではなく、全国各地でおこったことである。

として、

千葉県茂原、甲州街道筋の調布、府中、上野原、東海道筋の岡崎などが、その最も著しいものである。これ皆、社会変動期に当って土地の有力者と称する指導層が、時の流れを明察し得ず唯己れら特定階級の利益擁護にのみ眼がくらんだ結果である。

と結論する。この後で、しかるに銚子では、

鉄道会社の設立と開通のために、終始その努力と熱意を惜しまなかった。

と銚子町の有力者たちの先見の明を誇らしげに述べて結びとしている。

鉄道忌避伝説について、自治体が編纂した公的な地方史誌の類で、この記述ほど饒舌で、話に尾ひれを付けて脚色されたものは珍しい。これは決していい加減な出版物ではなく、『銚子市史』（銚子市史編纂委員会編・刊、一九五六年、六二五〜六二六ページ）に堂々と掲載されている一文である。執筆者は篠崎四郎氏、すでに故人となって久しい人物であるが、千葉県文化財専門委員も勤めた著名な歴史学者・考古学者で、金石文や近世史にも多くの著作がある。篠崎氏は、鉄道忌避の話がすきだったらしく、「総武線ものがたり」（『汎交通』五九巻六号、日本交通協会、一九五九年）や『千葉鉄道管理局史』（一九六三年）の中でも『銚子市史』で述べたのと同じ内容の話を書いている。もちろん何の史料も挙げず、昔

から言い伝えられている忌避伝説を書き飛ばしているという感じである。

おそらく、篠崎氏は鉄道忌避伝説の実在を信じ、疑問などさらさら持ってはいなかったのであろう。悪意はないのであるが、著名な歴史学者によって、このように派手に脚色された「見てきたような話」をまじめな本に書かれると、これがまた有力な二次史料となって、鉄道忌避伝説の再生産の素材として「活用」されることになるわけである。

山口県萩などの鉄道忌避伝説

浅井建爾《けんじ》『鉄道の歴史がわかる事典』（日本実業出版社、二〇〇四年）を見ると、「鉄道の乗り入れを拒んだためにさびれた町」という節（四六〜四七ページ）が設けられていて、いくつかの事例が紹介されている。

全国に張り巡らされている鉄道路線をよくみると、いかにも不自然な曲がり方をしている線路に疑問を抱いたことはないだろうか。

という記述で始まるこの節は、鉄道忌避伝説を無批判に拡大再生産した典型的な著作であるといえる。

また、町はずれに駅が設置されていたりもする。もっと町の中心部近くに駅を設置したほうが、人々は利用しやすくて便利なのにと思うことがよくある。そのようなところでは、過去に鉄道建設反対運動が激しく繰り広げられたケースが少なくない。

その典型的なルートを、山陰の城下町・萩《はぎ》（山口県）で見ることができる。線路が萩に差し掛かると、市街地を避けるように、その周りを大きく迂回して萩を通り過ぎていく。真っ直ぐ市街地を突き抜ければ、線路距離は半分以下で済み、しかも利用客にとっても便利なはずである。それを、わざわざ大回りして線路が敷かれているのは、市街地への乗り入れを拒否した結果であろうことは容易に想像がつく。

こんなことを「容易に想像」されては困るので、この萩の事例は、鉄道忌避でも何でもない。まず、山陰本線が西方から萩付近に達し、市街の南側を迂回するルートで萩駅と東萩駅を設けたのは、一九二五年（大正一四）四月である。こんな後の時代に鉄道忌避が起こる可能性はまずない。市街の周りを大きく迂回したのは、本書の「鉄道忌避伝説の検証」でも触れたように、ぎっしりと家の建て込んだ市街地に鉄道を入れるのを鉄道側が避けたためであろう。高い地価の市街地の中の多くの地主を相手に交渉し、面倒な手続きを踏んで買収した上、家屋を破壊して線路を敷設するようなコストのかかるやり方は通常は採用されない。地形の関係で他の選択肢がないのならばとにかく、市街の南方に水田地域が広がっているのだから、こちらを迂回するルートを採択するのが当たり前であろう。

この節で浅井氏は、この他に、栃木（栃木県）、出石《いずし》（兵庫県）、伊賀上野（三重県）、高遠《たかとお》（長野県）が「いずれも鉄道の通過を拒んだために発展から取り残されてしまった都市

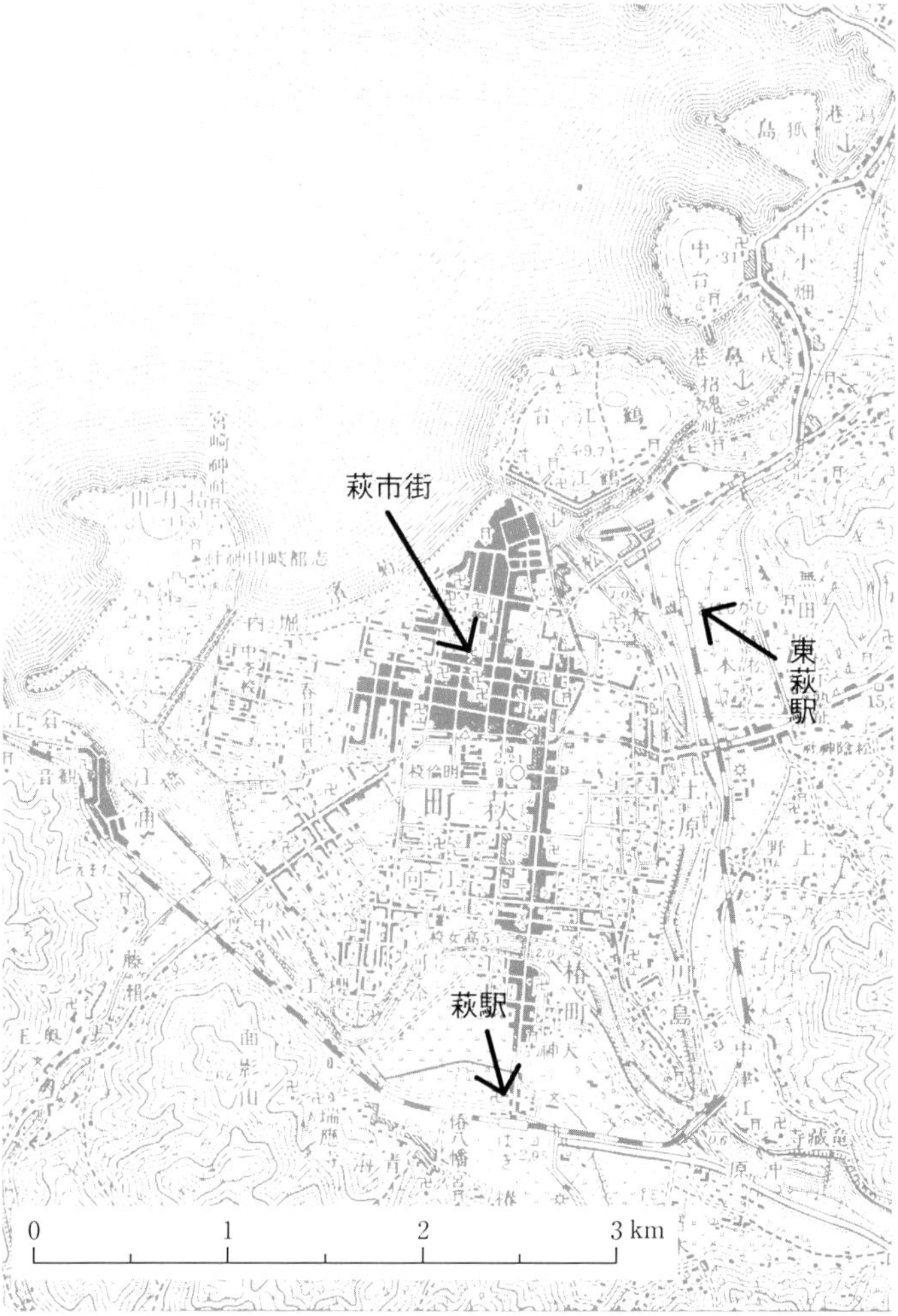

図21　山陰本線の迂回ルートと萩市街の関係
（昭和２年要部修正図５万分の１地形図をもとに作成）

である」としている。しかし、栃木の場合は後述するが、他の三都市は地図を見れば鉄道忌避には関係ないことは地形上歴然としている。

出石と高遠の場合は、それぞれ山陰線と中央線が建設されたとき、鉄道のルートが河川の本流に沿って選定されているから、小河川の支谷の盆地に位置していた両都市がルートから外れたのは当たり前である。伊賀上野の場合は、本書四四〜四六ページでも取り上げた、中央線上野原駅の位置選定とまったく同じケースであり、東西に走る岩倉川の谷底平野に沿って走る関西鉄道が南岸の河岸段丘上にあえて上がらないのは当たり前である。これらは、いずれも新しい文書史料が発見されて、特別な事情が明らかになれば別であるが、明治時代の鉄道ルート選定の常識から考えれば、鉄道忌避があったとは思えないのである。

もう一つの栃木の場合は、日本鉄道の最初開業の線区である現在のJR高崎線のどこで青森方面への線を分岐するかという問題が論議された。これについては鉄道局長井上勝の上申書が『日本鉄道史』上篇に掲載されている（七二〇〜七二五ページ）。大宮分岐案と熊谷分岐案との比較において、栃木県は熊谷分岐案を支持し、その場合は栃木の通過が可能となるが、井上は大宮分岐案を支持し、その主たる理由は宇都宮および同地以東への東京からの距離の大小にあった。大宮から宇都宮にほぼ直線でルートを選定すれば、現在の東北線に合致する。栃木の現地史料を調査すれば、栃木町自体がどのような態度を取ったのかを明らかにする史料が出てくるかもしれないが、これは今後の調査の問題であろう。

同じ著者は『日本地理がわかる事典』(日本実業出版社、一九九七年)でも「日本の鉄道を読み解く」と題する章を設け、その中で萩と甲州街道筋の鉄道忌避伝説を歴史的事実として紹介している。

いずれにしても現地に鉄道忌避伝説があったからといって、調査もせずに、すぐにそれを著作に書くのはもっと慎重であってほしいものである。

鉄道忌避伝説をますます拡大させるような論考の実例を具体的に紹介したが、日頃は学問的な良心にかけて、精緻な分析や丹念な考証を心がけている、まじめな歴史学・地理学の研究者、あるいは教育関係者でも、こと鉄道のこととなると、失礼ながら、慎重な姿勢はどこかへ捨て、いとも簡単に、気軽に書き飛ばしているのではないかという疑問を私は常に感じるのである。同時に、ここにも鉄道忌避伝説が平均的な日本人の「常識」となっていて、疑問の余地のない事実として取り扱われてきたことが示されていると思う。

このように、実際に鉄道忌避伝説は学校教育の現場を通じて、あるいは何気ない地元の言い伝えの紹介を通じて、多くの人々の頭の中に浸透し、常識化してゆくのである。

鉄道忌避伝説を考える――エピローグ

「伝説」の語られ方

本書の冒頭でも述べたように、鉄道忌避伝説は、鉄道の建設計画によって、古い既存の交通体系の下で働いてきた宿場や河岸の関係者が、自分たちの生業の基盤が失われることを心配し、将来の不安を持ったであろう、ということに出発点がある。おそらく、宿場関係者は実際に驚き、心配もし、愚痴もこぼしたであろう。鉄道に対する反感を持ったかもしれない。鉄道の計画が当時の宿場町や河岸町の大きな話題になったであろうことは十分に想像できる。しかし、このような理由で、町を挙げての鉄道反対運動を巻き起こし、鉄道や駅を遠くに追いやる結果になったとは、実際にそのような「伝説」のある町について調べてみても、ほとんど否定的な結果になって、到底事実とは思えないのである。

鉄道忌避伝説は、東海道筋の宿場町である岡崎や藤枝などについては、早いものでは第二次世界大戦前の一九三〇年代、昭和戦前期の著作に見ることができる。この時期には一八八〇年代、九〇年代の鉄道建設を直接見聞した人々の大部分はこの世を去っていたが、その人々から直接に聞くことのできた年代の人々がまだ第一線に活躍していた。それらの人々からの伝聞を地方史家や地理学者が書きとめたのが前記の著作である。当時の地方史家や地理学者は、史料の取扱いについてきわめて未熟であって、厳密な史料分析に耐えないものが多かった。とくに鉄道の歴史はオーソドックスな歴史学や地理学の研究対象外であって、当時の研究者の鉄道知識は皆無といってよかった。このような研究環境の中で鉄道忌避伝説が細々と語られていたのであった。

地方史誌による鉄道忌避伝説の普及

しかし、鉄道忌避伝説が全国の多くの地域に拡大し、その実在が信じられるようになったのは、とくに一九五〇年代以降の全国的な地方史誌の編纂ブームにおいてであった。そこでは基本的な一次史料による検証を欠いたまま、鉄道忌避伝説が取り上げられた。

江戸時代に繁栄し、古い歴史を有する町の中で、幹線鉄道のルートや駅から遠く離れたところでは、なぜ鉄道がわが町を通らなかったか、その理由が模索されるようになったのである。経済的に繁栄していたわが町に鉄道が通らず、経済的にははるかに低いレベルにあった地域に早くから鉄道が通っていたのはなぜか。そのためにわが町は衰微した。この解答として考えられたのが特定の地域で細々と伝承されてきた鉄道忌避伝説ではなかったか。

戦後に地方史研究が盛んとなり、アカデミズムの世界でも地方史研究が急速に拡大して、研究人口も爆発的に増大した。しかし、一方の鉄道史の研究人口は少なく、孤立して情報の交流も少なかった。鉄道史に関する研究成果や専門知識もあまり他の分野には及ばなかったのである。このような研究環境の中で、地方史誌の編纂過程ではきわめて未消化の状態で鉄道忌避伝説が取り上げられたが、それがいったん活字となって公刊されると、全国の似たような事例が掘り起こされ、歴史的な事実として広まったのではなかろうか。また比較的小さなサークルである鉄道史研究の世界で、これに対する疑問が提示されても、地方史研究の世界にはその情報が入らないまま、次々と新しい事例が「創作」されていった。また、多くの地方史家が、鉄道建設に関わる技術や地形学の基礎的教養を欠いていたことも、鉄道忌避伝説を「普及」させた大きな原因であった。

とくに指摘しておきたいのは、社会科副読本の影響である。良心的な地方史誌が、「といわれる」「と伝えられている」などと表現することによって、きちんとした一次史料によらない伝聞である旨を示唆しているのに対し、社会科副読本では、教科書という性格からくるのであろうか、すべて断定的な記述をする。教える教師もそれを固く信じていて、効果的にこれを生徒に教えこもうとする。かくて数多くの地域において鉄道忌避伝説はすべての児童・生徒の頭脳の中に刻み付けられることになるのである。

また、鉄道史や地方史に関わる一般書でも鉄道忌避伝説は気軽に、無責任に書き飛ばされている。その結果、鉄道忌避伝説はますます再生産され、多くの人々の間に信じられてゆく図式が想定できるのである。

あとがき

「鉄道忌避伝説についてまとめてみませんか」と、吉川弘文館の編集者である宮川久さんから声をかけられて、すでに二年半くらいの歳月が過ぎ去った。鉄道忌避伝説については、二十数年来少しずつ調査の範囲を広げ、時折、学会誌などにも発表していたが、調べれば調べるほど、宿場町や港町の鉄道忌避伝説が虚構であるという実態がはっきりとしてきており、鉄道史の専門研究者の間では、もはやこのような話を信じる人はあまりいなくなっている。ところが一般社会では、というより鉄道史の研究者以外の世界では、鉄道忌避伝説はまだまだ生きていて、日本人の常識にすらなっていることも確かなのである。

やはり広く一般社会の人々に読んでもらえるような本を書かなければ通説を覆《くつが》すことは難しい、と考えていたところでもあり、早速に執筆をはじめ、このたびようやく一冊にまとめることができた。執筆にあたっては、とくになぜこのような「伝説」が日本中に広まったのかという原因と背景を明らかにしなければならないとも思った。そのため本書では、各地に伝わる実例についてできるだけ史料を提示し、かつ平明な記述に努めた。そして、伝説拡大の背後にある社会的な環境・要因にも触れることで締めくくりをつけることができたと考えている。

この本に書かれた内容の多くは、私がこれまで学会誌などに発表してきたものであり、そこに各地の鉄道忌避伝説を研究・分析してきた多くの研究者の論文からの引用を加えている。その出典については一つ一つ明示して謝意を表するとともに、とくに千葉県の銚子・茂原・船橋などの事例については白土貞夫さん、東海道筋宿場町の事例については大庭正八さん、中国最初の鉄道始末のいきさつについては千葉正史さんのご教示によるところが大きい。また、長年にわたる原田勝正さん、中川浩一さんの鉄道史研究からも大きな示唆をいただいてきたことを感謝しなければならない。

最後に、本書執筆の機会を与えて下さり、長い間、原稿の完成を見守るとともに、さまざまなアドバイスをいただいた、吉川弘文館編集部の宮川久さんと伊藤俊之さんに心から御礼申し上げる次第である。

二〇〇六年八月

青 木 栄 一

著者紹介

一九三二年、東京都に生まれる
一九六五年、東京教育大学大学院理学研究科博士課程（地理学専攻）修了　理学博士
現在、東京学芸大学名誉教授

主要著書
日本の鉄道―百年のあゆみから―（共著）
シーパワーの世界史　日本の鉄道―成立と展開―（共編著）　鉄道と文化（共編著）　日本の地方民鉄と地域社会（編著）

歴史文化ライブラリー
222

鉄道忌避伝説の謎
汽車が来た町、来なかった町

二〇〇六年（平成十八）十二月一日　第一刷発行
二〇一五年（平成二十七）四月十日　第六刷発行

著　者　青《あお》木《き》栄《えい》一《いち》
発行者　吉川道郎
発行所　株式会社 吉川弘文館
東京都文京区本郷七丁目二番八号
郵便番号一一三―〇〇三三
電話〇三―三八一三―九一五一〈代表〉
振替口座〇〇一〇〇―五―二四四
http://www.yoshikawa-k.co.jp/
印刷＝株式会社 平文社
製本＝ナショナル製本協同組合
装幀＝山崎　登

© Eiichi Aoki 2006. Printed in Japan

歴史文化ライブラリー

1996.10

刊行のことば

現今の日本および国際社会は、さまざまな面で大変動の時代を迎えておりますが、近づきつつある二十一世紀は人類史の到達点として、物質的な繁栄のみならず文化や自然・社会環境を謳歌できる平和な社会でなければなりません。しかしながら高度成長・技術革新にともなう急激な変貌は「自己本位な刹那主義」の風潮を生みだし、先人が築いてきた歴史や文化に学ぶ余裕もなく、いまだ明るい人類の将来が展望できていないようにも見えます。このような状況を踏まえ、よりよい二十一世紀社会を築くために、人類誕生から現在に至る「人類の遺産・教訓」としてのあらゆる分野の歴史と文化を「歴史文化ライブラリー」として刊行することといたしました。

小社は、安政四年（一八五七）の創業以来、一貫して歴史学を中心とした専門出版社として書籍を刊行しつづけてまいりました。その経験を生かし、学問成果にもとづいた本叢書を刊行し社会的要請に応えて行きたいと考えております。

現代は、マスメディアが発達した高度情報化社会といわれますが、私どもはあくまでも活字を主体とした出版こそ、ものの本質を考える基礎と信じ、本叢書をとおして社会に訴えてまいりたいと思います。これから生まれでる一冊一冊が、それぞれの読者を知的冒険の旅へと誘い、希望に満ちた人類の未来を構築する糧となれば幸いです。

吉川弘文館

〈オンデマンド版〉
鉄道忌避伝説の謎
汽車が来た町、来なかった町

On Demand
歴史文化ライブラリー
222

2022年（令和4）10月1日　発行

著　者　青《あお》木《き》栄《えい》一《いち》
発行者　吉川道郎
発行所　株式会社　吉川弘文館
〒113-0033　東京都文京区本郷7丁目2番8号
TEL　03-3813-9151〈代表〉
URL　http://www.yoshikawa-k.co.jp/

印刷・製本　大日本印刷株式会社
装　幀　清水良洋・宮崎萌美

青木栄一（1932～2020）
© Makoto Aoki 2022. Printed in Japan
ISBN978-4-642-75622-8

JCOPY　〈出版者著作権管理機構　委託出版物〉
本書の無断複写は著作権法上での例外を除き禁じられています．複写される場合は，そのつど事前に，出版者著作権管理機構（電話 03-5244-5088，FAX 03-5244-5089，e-mail: info@jcopy.or.jp）の許諾を得てください．